短线技术指标组合

KDJ+RSI+DMI
技法应用与综合实战

杨　娟◎编著

中国铁道出版社有限公司
CHINA RAILWAY PUBLISHING HOUSE CO., LTD.

图书在版编目（CIP）数据

短线技术指标组合：KDJ+RSI+DMI技法应用与综合实战 / 杨娟
编著. —北京：中国铁道出版社有限公司，2023.12
ISBN 978-7-113-30511-6

I.①短… II.①杨… III.①股票交易–基本知识 IV.①F830.91

中国国家版本馆CIP数据核字(2023)第161659号

书　　名：**短线技术指标组合——KDJ+RSI+DMI 技法应用与综合实战**
　　　　　DUANXIAN JISHU ZHIBIAO ZUHE : KDJ+RSI+DMI JIFA YINGYONG YU ZONGHE
　　　　　SHIZHAN
作　　者：杨　娟

责任编辑：杨　旭　　编辑部电话：(010) 63583183　　电子邮箱：823401342@qq.com
封面设计：宿　萌
责任校对：刘　畅
责任印制：赵星辰

出版发行：中国铁道出版社有限公司（100054，北京市西城区右安门西街 8 号）
印　　刷：河北宝昌佳彩印刷有限公司
版　　次：2023 年 12 月第 1 版　2023 年 12 月第 1 次印刷
开　　本：710 mm×1 000 mm 1/16　印张：11.25　字数：165 千
书　　号：ISBN 978-7-113-30511-6
定　　价：69.00 元

股市投资中存在两种基本方式，即价值投资与技术投资。价值投资是对公司、行业、市场的未来价值进行投资判断，而技术投资则是通过技术形态、波动规律及盘面走势进行分析，寻找投资买卖点。价值投资时间较长，比较适合中长线投资，而技术投资则更适合短线投资。

在技术分析中，技术指标是一个重要且实用的分析工具，能够帮助投资者了解股价走势，找到合适的买卖点。但是，实际上有很多的投资者，尤其是初入股市的投资者，他们对技术指标了解不多，面对技术指标不知如何入手。

实际上，技术指标分析是依据一定的数理统计，运用一些复杂的计算公式来判断股价走势的量化分析方法，技术指标有很多，比如随机指标（KDJ）、相对强弱指标（RSI）、趋向指标（DMI）、异同移动平均线（MACD）及布林线（BOLL）等。应用这些技术指标，能够帮助投资者更加得心应手地应对复杂多变的市场变化。

面对市面上成百上千的技术指标，如果每一种都去学习比较困难，也难以实现，投资者只需要熟练掌握其中的几个指标即可。为了让更多的投资者正确地认识和利用技术指标进行判势测市，更好地把握市场买卖机会，笔者编写了这本技术指标工具书，主要向读者介绍随机指标（KDJ）、相对强弱指标（RSI）和趋向指标（DMI）这三种技术指标的短线实战方法，旨在为广大投资者的实盘操作带来一些帮助。

全书共五章，可划分为两部分。

◆ 第一部分为第 1 ~ 3 章，是技术指标单项介绍，每一章介绍了一种技术指标，目的在于让读者了解随机指标（KDJ）、相对强弱指标（RSI）和趋向指标（DMI）这三种技术指标的具体使用方法。

◆ 第二部分为第 4 ~ 5 章，是属于能力提升部分，单一指标在使用时可能会出现滞后或不准确的情况，所以需要结合其他指标来进行综合分析，以提升市场分析准确性。因此，这一部分介绍了K 线重要位置下的指标应用及多指标综合分析。

本书由浅入深、循序渐进地介绍了随机指标（KDJ）、相对强弱指标（RSI）和趋向指标（DMI）这三种技术指标的应用方法，另外，书中还列举了大量的典型实例，并基于真实的行情走势，细致地分析，让读者能直观感受到各种技术指标在实际投资中的具体应用。

最后，希望所有读者通过对书中知识的学习，提升自己的炒股技能，收获更多的投资收益。但任何投资都有风险，在股市投资中，投资者切忌盲目跟从，要更多的结合实际走势具体分析，综合考虑。本书内容也仅从知识的角度讲解技术指标的应用方法，并不能作为投资者实际买卖股票的唯一标准。

编　者

2023 年 9 月

目录

第 1 章   KDJ：借助指标敏感变化做短线

第 2 章 RSI：利用波动强弱变化寻短线机会

第 3 章　DMI：抓住行情短期变化趋势

第 5 章　短线实战：多指标同频共振

KDJ：借助指标敏感变化做短线

KDJ指标中文名称为随机指标，是一个知名度较高、应用广泛的技术分析指标。KDJ指标反应比较敏感，常用于短线投资分析研判，本章将具体从知识角度介绍该指标的用法。在开始之前需要提醒投资者，在实战中，影响股价走势的因素较多，不能直接将本书介绍的技术指标用法作为研判买卖时机的唯一标准，而应结合多方因素综合研判。

1.1 KDJ 指标基础认识

KDJ 指标是一个对价格变动比较敏感的指标，在结合 K 线图一起研判分析时，能够帮助投资者寻找到比较明确的进出场时机。但想要在股市中灵活运用该指标，投资者需要对它有一个详细的了解。

1.1.1 KDJ 指标设计原理

KDJ 指标最早起源于期货市场，通过观察价格在短期内脱离平衡位置的程度来明确市场短期内的超买超卖情况，并以此作为研判价格波动变化的依据。

KDJ 指标根据统计学原理研究某一个特定周期内（通常为 9 日、9 周等）最高价、最低价与收盘价之间的关系，通过一段时期内出现过的最高价、最低价及当日的收盘价来计算出 K 值和 D 值。最后再引入考察二者位置关系的 J 值，最终得到 KDJ 指标的三条曲线。

KDJ 指标的计算比较复杂，首先，需要计算特定周期内反映多空力量对比情况的未成熟随机值 RSV，其次，在此基础上计算出 K 值、D 值和 J 值。下面以 9 天周期为例，介绍 KDJ 指标的基本计算过程。

①计算未成熟随机 RSV 值，其计算公式如下：

RSV值=（当日收盘价−最近9天的最低价）÷（最近9天的最高价−最近9天的最低价）×100

②计算 K 值，其计算公式如下：

当日K值=（2/3×前一日K值）+（1/3×当日RSV值）

若无前一日的 K 值，则用 50 来代替。

③计算 D 值，其计算公式如下：

当日D值=（2/3×前一日D值）+（1/3×当日K值）

若无前一日的 D 值或 K 值，分别可用 50 来代替。

注意，K 值和 D 值计算中的平滑因子 1/3 和 2/3 是可以人为选定的，但是通常默认约定为 1/3 和 2/3。

④计算 J 值，其计算公式如下：

当日 J 值=（3×当日 K 值）-（2×当日 D 值）

根据上述计算方式测算出 K 值、D 值和 J 值，各自在指标的坐标上产生一个点，连接无数的定位点就能够绘制出体现价格波动变化发展的 KDJ 指标。在实际的指标应用中，投资者不用去计算 KDJ 指标中的各个值，更不用去记忆计算公式，只需要大致了解这个指标是如何得来的即可。

1.1.2　认识 K 曲线、D 曲线和 J 曲线

KDJ 指标的应用主要是 K、D、J 这三条曲线，在各类的炒股软件中，KDJ 指标是副图指标，可显示在单独的副图窗口中，图 1-1 为炒股软件中的 KDJ 指标。

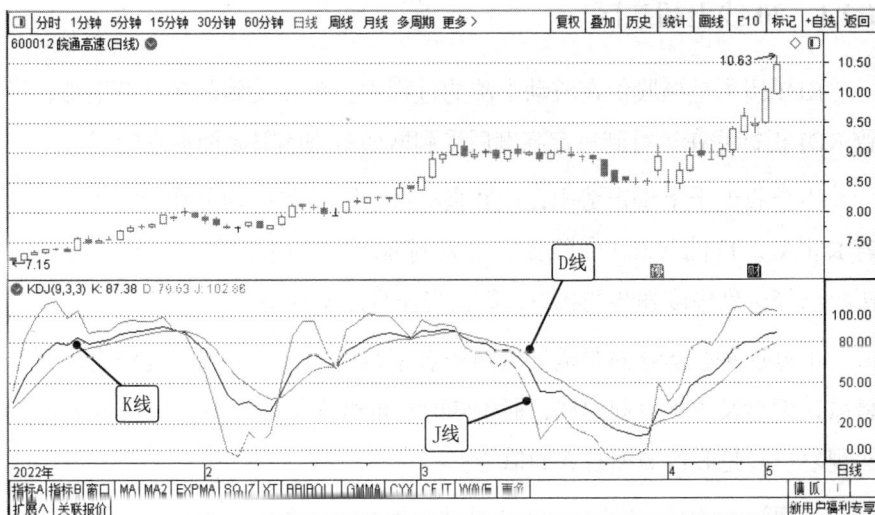

图 1-1　炒股软件中的 KDJ 指标

其中，K 曲线为快速确认线，D 曲线为慢速主干线，J 曲线为方向敏感线，所以，J 曲线为反应最快的一条线，其次是 K 曲线，而 D 曲线则是

反应最迟缓的一条线。

此外，KDJ 指标的三个参数允许按照投资者的需求来设定，大多数情况下使用系统默认的参数（9，3，3），若需要 KDJ 指标更具有灵敏性或稳定性，投资者也可以结合自己的需求重新设定参数。比如短线操盘者可以将 KDJ 参数设置为（6，3，3），中期投资者可以使用（18，3，3）。其中，使用（6，3，3）参数的 KDJ 指标非常敏感，波动频率高，更适合投资实战经验非常丰富的投资者。

1.2　掌握不同摆动区域的市场意义

KDJ 指标的取值范围可以划分为几个区域，即超买区、徘徊区和超卖区，当 KDJ 指标在不同区域内波动时，代表的市场意义不同。

1.2.1　80 线上超买区

KDJ 超买是指股价在波动上涨的过程中，市场受到刺激过度追涨，导致 KDJ 指标线在运行到一定高度后受到取值范围的限制而滞涨的现象。

当个股处于上涨走势中，KDJ 指标线会随着股价的上涨而同步上行，若 K 曲线、D 曲线和 J 曲线先后进入到 80 线上方的区域，说明市场内的买盘已经达到极度强势的状态，即市场出现超买现象。

不过这种强势状态是需要大量资金来维持的，一旦买盘注资力度开始衰减，卖盘又急于兑利出局，股价随时可能变盘下跌。所以 KDJ 指标的超买现象一般是股价短期看跌的信号。

需要注意的是，尽管 80 线通常被视为 KDJ 指标超买区的分界线，但是实际交易中根据个股情况的不同，很多投资者会认为 K 曲线需要进入 90 线以上，J 曲线进入 100 线以上才算超买。

实例分析

上海电力（600021）KDJ 指标上行至超买区间的分析

图 1-2 为上海电力 2021 年 11 月至 2022 年 5 月的 K 线走势。

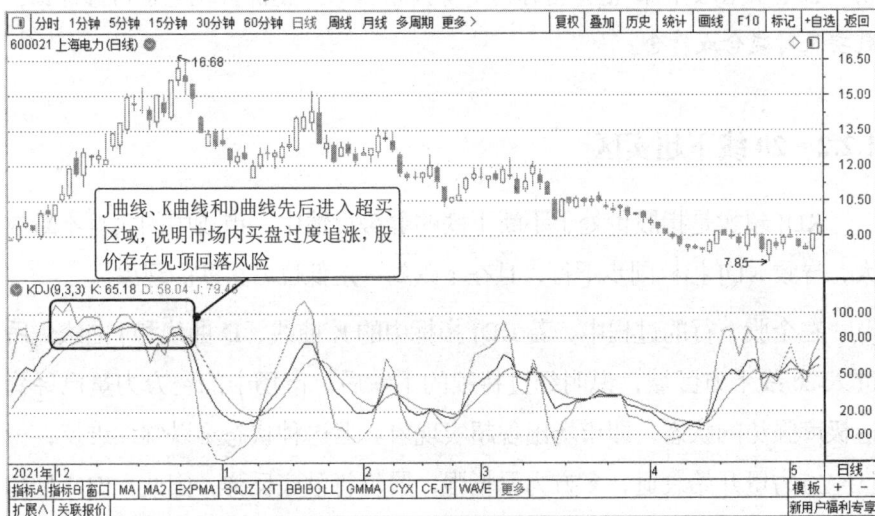

图 1-2　上海电力 2021 年 11 月至 2022 年 5 月的 K 线走势

根据上海电力的 K 线走势可以看到，前期该股处于强势上涨的行情中，KDJ 指标也同步表现上行。

2021 年 12 月上旬，KDJ 指标中的 J 曲线、K 曲线和 D 曲线先后进入到 80 线上方的区域，且 J 曲线一度进入 100 线以上，发出超买信号，说明此时市场内的多方力量呈现出极度强势的状态，但是这种状态难以维持，一旦多方力量转弱，市场则将转入空头市场中，场内的持股投资者要做好随时离场的准备。

不过，这并不意味着股价会立即从上涨转为下跌，当 KDJ 指标发出超买信号时，反而很可能是股价涨势最猛烈的时候，投资者可以先观望。

从本例中可以看到，当 KDJ 指标进入超买区域后，股价并未立即反转，而是继续上行，从 12.00 元价位线附近上涨至 16.50 元价位线附近，涨幅超37%。如果投资者在发现 KDJ 指标进入超买区域后立即抛售持股，就会踏空这段上涨走势。

虽然 KDJ 指标进行入超买区后股价还有上涨机会，但其上涨的空间也不会太大，随之而来的风险却会不断增加。投资者继续持有的过程中需要密切关注 K 线图变化和 KDJ 指标的走势波动，一旦股价出现见顶回落迹象，就要及时减仓或清仓。

1.2.2　20 线下超卖区

KDJ 超卖是指股价处于不断下跌的弱势行情中，市场中的卖盘不断放大，导致 KDJ 指标同步下行，且在下跌到一定低位后止跌的现象。

在个股下行的过程中，若 KDJ 指标中的 K 曲线、D 曲线和 J 曲线先后进入 20 线下方区域，说明经过持续的下跌后，市场中的空方力量已经到达极度强势的状态，即市场出现超卖现象。但这种状态难以继续维持，一旦空方力量开始衰退，多方力量增强，股价将触底反弹，因此，KDJ 指标发生超卖现象是短期看涨的信号。

需要注意的是，KDJ 指标发出超卖信号，只能表明股价这一波下跌行情结束的可能性在增加，并不意味着股价会立即由跌转涨，开启一轮上涨。

实际上，当 KDJ 指标发出超卖信号时，可能是股价下跌势头最为剧烈的时候。所以，尽管 KDJ 指标发出超卖信号，股价也存在反弹回升迹象，投资者仍然要克制立即买入的冲动，最好等到股价出现明显的筑底回升信号时再买入，风险会小很多。

实例分析

东望时代（600052）KDJ 指标下行至超卖区间的分析

图 1-3 为东望时代 2022 年 2 月至 9 月的 K 线走势。

根据东望时代的 K 线走势可以看到，2022 年 4 月上旬之前，股价处于不断震荡下行的弱势行情中，与此同时，下方的 KDJ 指标也在同步下行。

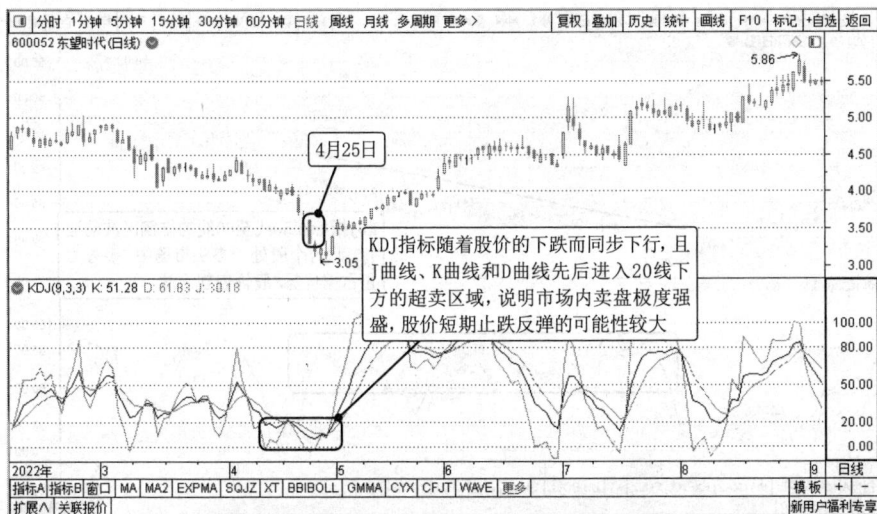

图 1-3　东望时代 2022 年 2 月至 9 月 K 线走势

2022 年 4 月中旬，KDJ 指标的中 J 曲线、K 曲线和 D 曲线先后进入 20 线下方的超卖区间，说明此时市场内的卖盘力量极度强盛，但是这种强盛难以继续维持，一旦多头力量增强，股价将止跌反弹。

从后市走势来看，KDJ 指标进入 20 线下方发出超卖信号后，上方股价并没有立即止跌，而是继续下行，甚至在 4 月 25 日收出一根跌停大阴线，跌势猛烈。如果投资者在发现 KDJ 超卖信号时便立即介入，则将经历这一波下跌。随后股价跌势减缓并在 3.25 元价位线附近止跌横盘筑底。4 月底到 5 月初，K 线连续收阳向上拉升，KDJ 指标在 20 线下方拐头向上运行，说明上涨行情启动，此时投资者再逢低买进，则相对安全。

1.2.3　20 线上至 80 线下徘徊区

在 KDJ 指标的取值范围中，20 线下为超卖区，80 线上为超买区，而 20 线至 80 线则为徘徊区，整个徘徊区被 50 线从中间划分开来。KDJ 指标在不同的徘徊区域内波动代表的市场意义也是不同的。

①当 KDJ 指标在 50 线上方的徘徊区波动运行时，说明当前市场中的多头占据优势，股价不断上涨，此时投资者做多的成功率更高，图 1-4 为 KDJ 指标在 50 线上的徘徊区波动。

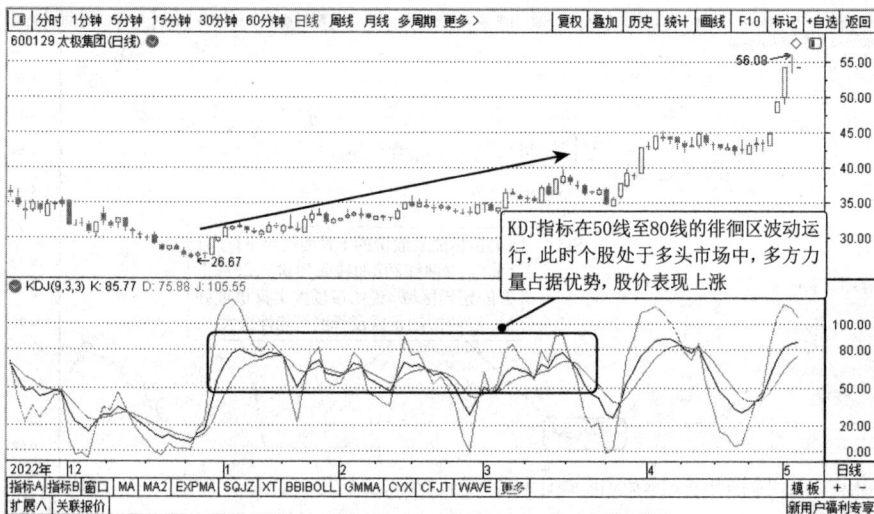

图 1-4　KDJ 指标在 50 线上的徘徊区波动

②当 KDJ 指标在 50 线下方的徘徊区波动运行时，说明当前市场中的空头占据优势，股价不断下跌，此时投资者应采取做空策略，持币场外观望，图 1-5 为 KDJ 指标在 50 线下的徘徊区波动。

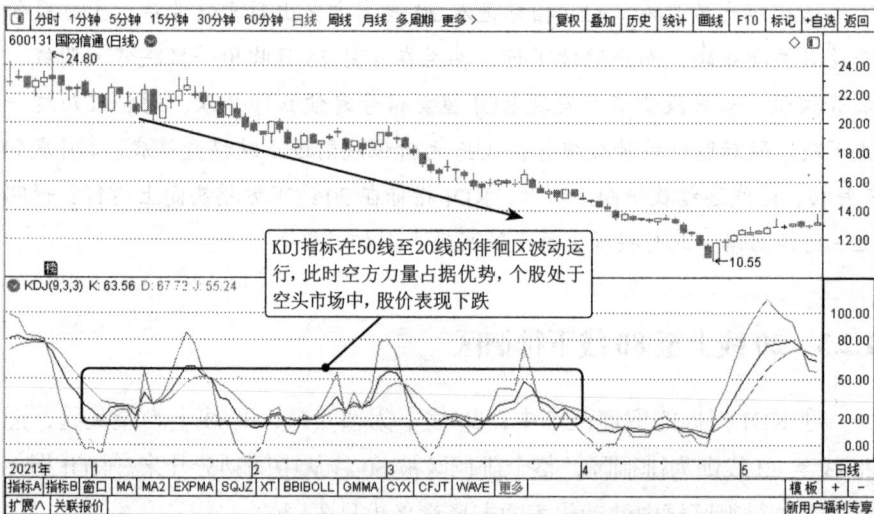

图 1-5　KDJ 指标在 50 线下的徘徊区波动

③ KDJ 指标前期在 50 线上的徘徊区波动，随后自上而下穿过 50 线运

行至 50 线下方，说明市场由多方主导变为空方主导，后市看跌，图 1-6 为
KDJ 指标在 50 线上的徘徊区波动后自上而下穿过 50 线。

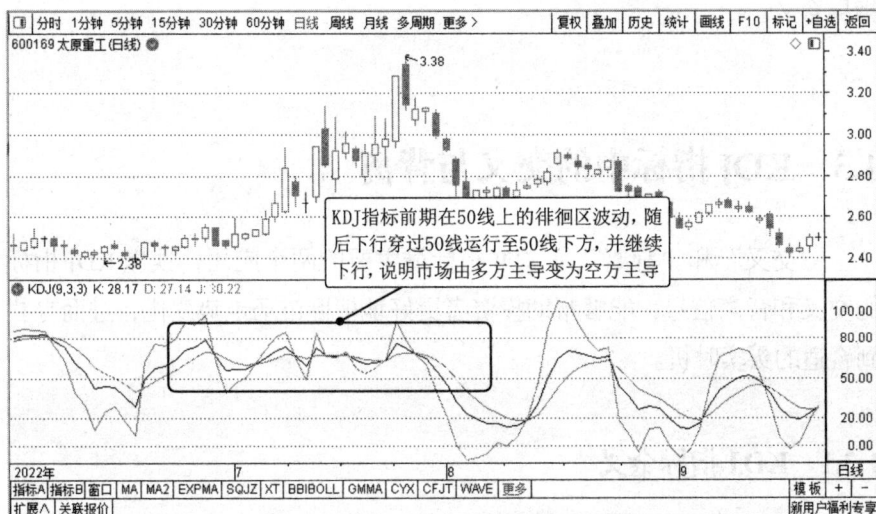

图 1-6　KDJ 指标在 50 线上的徘徊区波动后自上而下穿过 50 线

④ KDJ 指标前期在 50 线下的徘徊区波动，随后自下而上穿过 50 线运
行至 50 线上方，说明市场由空方主导变为多方主导，后市看涨，图 1-7 为
KDJ 指标在 50 线下的徘徊区波动后自下而上穿过 50 线。

图 1-7　KDJ 指标在 50 线下的徘徊区波动后自下而上穿过 50 线

需要注意，如果 KDJ 指标长期处于 50 线附近，围绕 50 线上下波动横向运行，那么 KDJ 指标上穿 50 线或 KDJ 指标下穿 50 线的信号就不具备指导意义。

1.3　KDJ 指标中的交叉与背离

"交叉"和"背离"是 KDJ 指标最主要的两个应用，读懂 KDJ 指标的交叉和背离信号，能够帮助投资者更好地把握市场走势变化，进而寻找到合适的买卖时机。

1.3.1　KDJ 指标金叉

KDJ 指标金叉是指 K 曲线自下而上穿过 D 曲线形成的交叉，是个股短期内上涨动力增强的预示，发出的是看涨的买入信号。根据 KDJ 指标金叉出现的位置不同，可以将其进一步划分为低位金叉、中位金叉和高位金叉。

①低位金叉是指 KDJ 指标运行至 20 线附近，K 曲线拐头向上，并上穿 D 曲线形成的交叉，随后 KDJ 指标三线上行，说明个股这一波下跌趋势基本结束，新一轮上涨行情启动，是非常强烈的买入信号。

实例分析

联创光电（600363）20 线下 KDJ 指标形成金叉的分析

图 1-8 为联创光电 2022 年 1 月至 8 月的 K 线走势。

从联创光电的 K 线走势可以看到，前期该股处于不断下行的弱势行情之中。2022 年 4 月上旬，在股价不断下行的过程中，KDJ 指标同步运行至 20 线下的超卖区域，股价短期下跌空间有限，后市可能止跌回升。

2022 年 4 月底，股价下行至 15.00 元价位线附近创出 14.85 元的新低后止跌企稳。此时查看 KDJ 指标发现，在 20 线下方 K 曲线拐头向上，并上穿 D 曲线形成低位金叉，随后 KDJ 指标三线上行，说明空头在不断下行的过程中消耗殆尽，多头力量逐渐聚集占据优势，该股即将转入多头市场，之后股价不断拉升，走出一波大幅上涨行情。

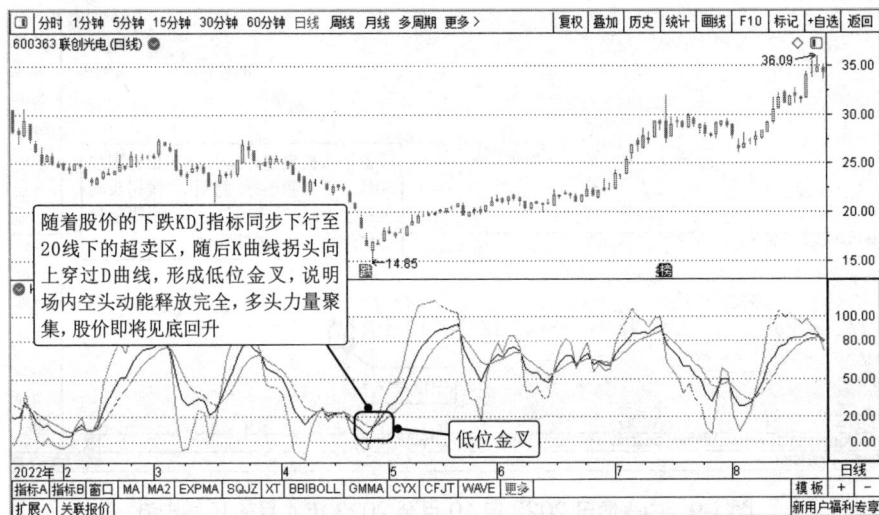

随着股价的下跌KDJ指标同步下行至20线下的超卖区，随后K曲线拐头向上穿过D曲线，形成低位金叉，说明场内空头动能释放完全，多头力量聚集，股价即将见底回升

低位金叉

图 1-8　联创光电 2022 年 1 月至 8 月的 K 线走势

②中位金叉是指个股处于上涨行情或是长期盘整行情中，KDJ 指标围绕 50 线波动运行，突然 K 曲线拐头向上，并上穿 D 曲线形成交叉，随后 KDJ 指标三线上行，说明个股短期震荡行情结束，后市继续看涨，为买入信号。但是，如果股价处于下跌趋势中，KDJ 指标在 50 线附近波动形成中位金叉后三线上行，此时只是股价下跌途中的短期反弹，个股的下跌趋势并未真正改变，后市继续看跌，不建议投资者买进。

实例分析

中兴通讯（000063）50 线附近 KDJ 指标形成金叉的分析

图 1-9 为中兴通讯 2022 年 10 月至 2023 年 4 月的 K 线走势。

从中兴通讯的 K 线走势可以看到，该股处于震荡上行的拉升行情之中，股价从相对低位处不断向上攀升，涨势稳定。

2022 年 12 月上旬，经过一段时间的拉升之后，股价上涨至 27.50 元价位线附近后止涨，但股价在小幅回调一段时间后便止跌，之后再次回升到

27.50 元价位线附近开始横盘整理运行。

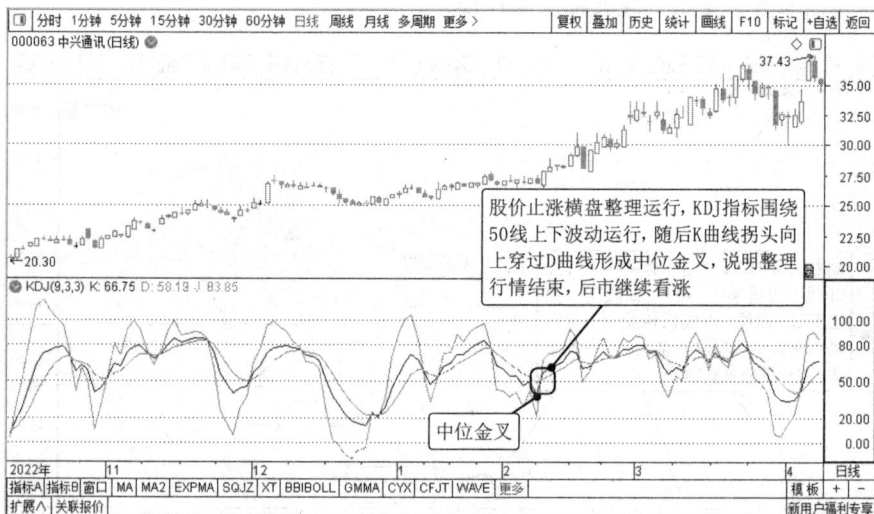

股价止涨横盘整理运行，KDJ指标围绕50线上下波动运行，随后K曲线拐头向上穿过D曲线形成中位金叉，说明整理行情结束，后市继续看涨

中位金叉

图 1-9　中兴通讯 2022 年 10 月至 2023 年 4 月的 K 线走势

此时，KDJ 指标在 50 线附近的徘徊区波动运行，突然 K 曲线拐头向上，并上穿 D 曲线在 50 线上形成中位金叉，说明个股上涨途中的这一段整理行情结束，后市将继续表现之前的上涨走势，投资者可以在此位置加仓买进。

③当股价经过一段时间的拉升运行至高位区域，KDJ 指标同步上行，在运行至 70 线以上时，K 曲线向上穿过 D 曲线形成的金叉即为高位金叉，此时说明个股短期整理走势结束，行情继续上涨。虽然个股短期内仍然表现上涨，但是因为个股已经经过较长时间的拉升，场内多头力量逐渐消耗殆尽，难以继续维持上涨，所以，这番上涨持续的时间可能不长，股价可能将止涨并转入下跌趋势中。因此，当高位金叉出现时，不建议投资者追涨买进，应观察 K 线走势，注意及时离场。

实例分析

佛山照明（000541）70 线附近 KDJ 指标形成金叉的分析

图 1-10 为佛山照明 2022 年 5 月至 11 月的 K 线走势。

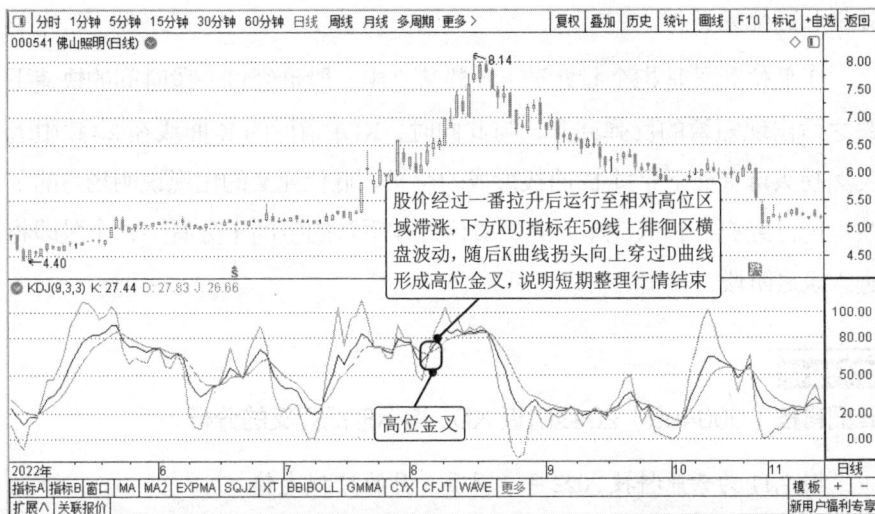

图 1-10 佛山照明 2022 年 5 月至 11 月的 K 线走势

从佛山照明的 K 线走势可以看到，该股从 4.50 元价位线下方的相对低位处开始向上攀升，经过一段时间的拉升后于 7 月底运行至 6.50 元价位线附近滞涨，出现横盘整理走势。

与此同时，下方的 KDJ 指标也在 50 线上方的徘徊区域内横向波动运行，2022 年 8 月上旬，KDJ 指标的 K 曲线在 70 线附近突然拐头向上穿过 D 曲线形成高位金叉，说明股价的这一段整理行情结束，场内多头力量仍然占据优势，短期内个股继续看涨。

但是，此时股价已经上涨至相对高位区域，从 4.50 元的相对低位处上涨至 6.5 元价位线附近，这一轮累计涨幅已达 44%，场内的多头动能消耗较大，难以维持股价继续上涨，所以，该股见顶回落转入下跌趋势的可能性较大，场内的持股投资者应注意兑利离场。

1.3.2 KDJ 指标死叉

KDJ 指标死叉是指 KDJ 指标的 K 曲线自上而下穿过 D 曲线形成的交叉，是股价短期内下跌动力增强的预示，发出的是看跌的卖出信号。与 KDJ 金叉相同，根据死叉出现的位置不同可以将其进一步划分为低位死叉、中位死叉和高位死叉。

①低位死叉是指个股处于下跌趋势之中，股价经过一段时间的快速下跌之后出现短暂的反弹回升，与此同时，KDJ指标的K曲线在20线附近突然拐头自上而下穿过D曲线形成的交叉。低位死叉的出现说明场内的下跌动能已经充分释放完毕，之后股价继续下跌的空间十分有限，个股即将进入筑底阶段，投资者可以逢低建仓。

实例分析

云鼎科技（000409）20线附近KDJ指标形成死叉的分析

图1-11为云鼎科技2022年3月至9月的K线走势。

图1-11　云鼎科技2022年3月至9月的K线走势

从云鼎科技的K线走势可以看到，2022年4月中旬股价下行至5.50元价位线附近后止跌并出现小幅回升，但此番反弹仅仅维持了三个交易日便止涨下跌。

此时查看下方的KDJ指标发现，在股价反弹结束回落时，KDJ指标拐头向下，并在20线附近形成低位死叉，说明经过一番持续下跌行情，场内的空头动能基本释放完全，后续股价继续下跌的空间有限，股价极有可能触底回升，迎来一番上涨，投资者可以逢低建仓。

②中位死叉是指个股在下跌行情中止跌反弹，KDJ 同步上行至 50 线附近，突然股价止涨，KDJ 指标拐头向下并在 50 线附近形成死叉，说明此时场内的空头动能仍然占据明显优势，个股这一波短期反弹结束，继续表现之前的下跌行情。但是，如果在上升趋势中 KDJ 指标出现中位死叉，说明个股可能处于上涨途中的整理阶段，若是整理过程中成交量缩量，底部筹码并未出现明显松动，投资者可以继续持有做多。

实例分析

渤海租赁（000415）50 线附近 KDJ 指标形成死叉的分析

图 1-12 为渤海租赁 2021 年 12 月至 2022 年 5 月的 K 线走势。

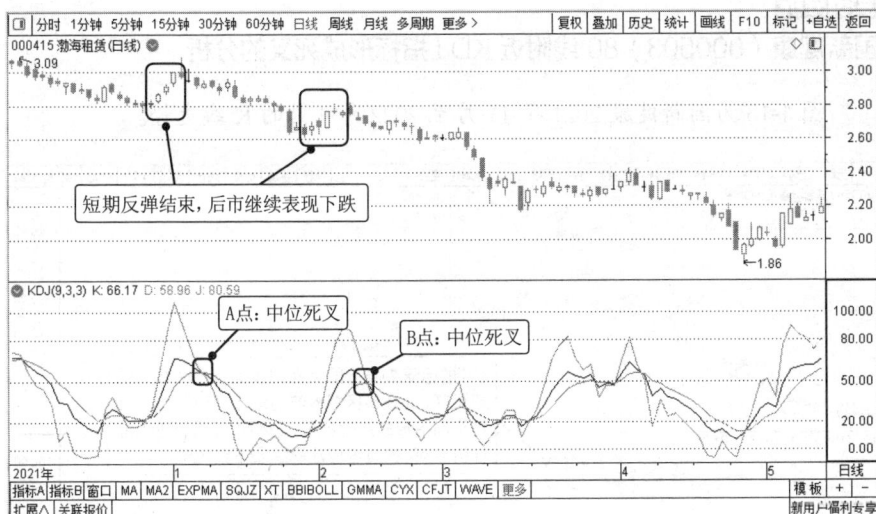

图 1-12　渤海租赁 2021 年 12 月至 2022 年 5 月的 K 线走势

从渤海租赁的这段 K 线走势可以看到，该股一直处于震荡下行的弱势行情中。2021 年 12 月底，股价下行至 2.80 元价位线上后止跌反弹，下方 KDJ 指标同步拐头上行并上穿 50 线，运行至 50 线上方。但此番反弹并未持续太长时间，几个交易日后股价便滞涨回落，下方 KDJ 指标同步拐头向下，并在 50 线上形成中位死叉（图中 A 点位置），说明场内的空头动能仍然占据绝对优势，多头力量较弱，难以扭转局面，后市将继续表现之前的下跌走势。

随后股价继续下挫，在下行至2.60元价位线附近时再次止跌反弹，下方的KDJ指标同步从20线下方拐头向上，并上穿50线。此番反弹同样仅仅持续几个交易日后再次止涨回落，下方KDJ指标也拐头向下，并在50线上形成中位死叉（图中B点位置），说明场内的空头动能并未释放完全，后市继续看空。

③高位死叉是指个股处于上涨行情中，经过一段时间的拉升运行至相对高位区域，KDJ指标同步运行至80线上的超买区。突然KDJ指标拐头向下在80线附近形成死叉，并跌至80线下方，说明此时场内的多空力量发生转变，空头力量占据优势，该股这一轮上涨行情或已结束，后市即将转入下跌趋势之中，场内的投资者应注意及时离场。

实例分析

国新健康（000503）80线附近KDJ指标形成死叉的分析

图1-13为国新健康2021年11月至2022年4月的K线走势。

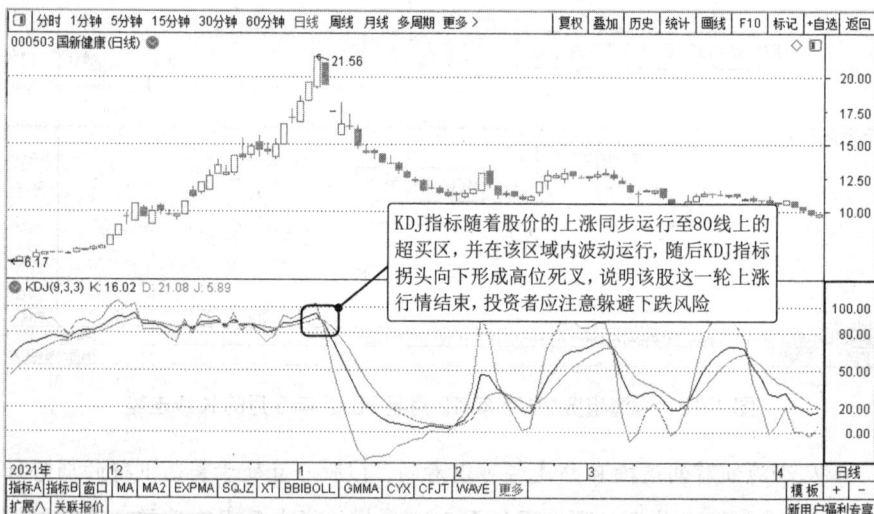

图1-13 国新健康2021年11月至2022年4月的K线走势

从国新健康的K线走势可以看到，2022年1月之前，该股处于不断向上攀升的强势行情中，股价涨势稳定。下方的KDJ指标随着股价的不断上涨同步上行至 80 线上方的超买区域，并在 80 线上横盘波动运行。12 月下旬股价运行到 15.00 元价位线附近后短暂横盘，之后股价进一步快速拉升，仅仅几个交易日的时间便从 15.00 元上涨至 20.00 元上方，在创出 21.56 元的新高后止涨。

此时下方的 KDJ 指标突然拐头向下，并在 80 线上方形成高位死叉，说明经过前面的大幅拉升后，场内的多头力量已经消耗殆尽，空头力量逐渐聚集占据优势，该股这一轮上涨行情结束，后市即将转入新一轮下跌行情中，场内的持股投资者要注意离场，躲避下跌风险。

1.3.3　低位二次金叉

KDJ 指标低位二次金叉是指股价经过一番下跌行情后运行至低位区，KDJ 指标在 20 线附近形成低位金叉，随后股价止跌回升，但没过多久股价便再次向下，KDJ 指标出现死叉，然后 KDJ 指标再次出现低位金叉。低位二次金叉可以视为真实的底部，表示个股涨势基本确定，传递出的买入信号也比较可靠。

在实战中运用低位二次金叉时还需要注意以下两点。

① KDJ 金叉必须是低位，即 20 线附近。

②两次 KDJ 金叉出现时，上方股票价格相差不大，基本在一个箱体内或是一个平台上。

实例分析

电广传媒（000917）20 线附近 KDJ 指标二次金叉分析

图 1-14 为电广传媒 2022 年 3 月至 11 月的 K 线走势。

从电广传媒的 K 线走势可以看到，该股经过一番震荡下跌行情后，于 2022 年 9 月下旬运行至 4.50 元价位线附近后跌势减缓，之后股价围绕该价位线上下波动横向运行，有筑底迹象。

查看下方的 KDJ 指标发现，在股价低位横盘波动时，KDJ 指标在 20 线附近出现了两次低位金叉，说明经过前面的一番下跌后场内的空头动能基本消耗完全，此时主力资金入场吸筹，股价小幅上涨。但是，为了吸收更多的低位廉价筹码，主力开始少量抛出持股，股价的下跌导致恐慌盘抛出，主力则趁机再次吸纳。所以，低位二次金叉的出现说明该股可能在此位置筑底，后市将迎来一番大幅拉升行情。

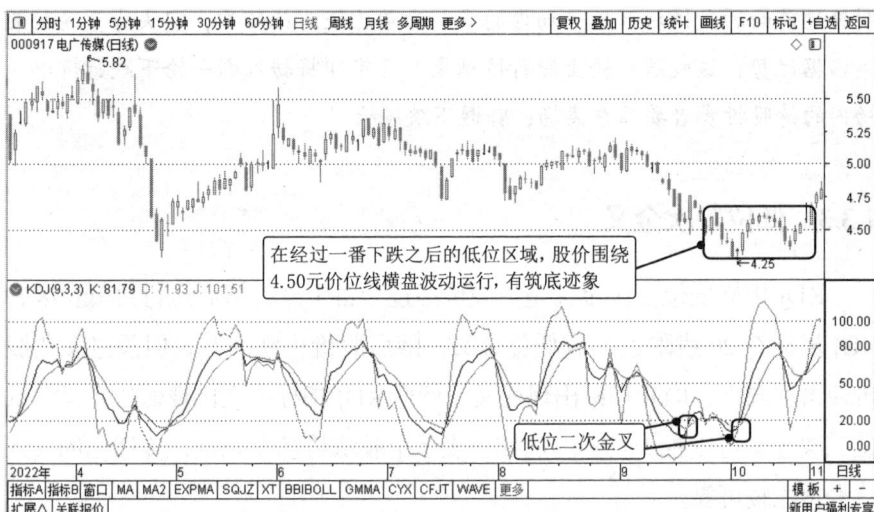

在经过一番下跌之后的低位区域，股价围绕4.50元价位线横盘波动运行，有筑底迹象

低位二次金叉

图1-14 电广传媒2022年3月至11月的K线走势

图1-15为电广传媒2022年9月至2023年5月的K线走势。

KDJ指标低位二次金叉后，股价筑底成功，之后转入波动上行的上升行情中

低位金叉

低位二次金叉

图1-15 电广传媒2022年9月至2023年5月的K线走势

从广电传媒后市的 K 线走势来看, KDJ 指标在低位连续两次出现金叉后股价在 4.50 元价位线筑底成功, 之后股价在短暂的整理后转入上升行情中, 并开启一波较为稳定的上涨行情。

1.3.4 高位二次死叉

KDJ 指标高位二次死叉是指个股经过一番拉升后运行至高位区域, KDJ 指标同步上行至 80 线上方, 接着 KDJ 指标形成高位死叉, 股价止涨回落, 但是没过多久股价又向上运行带动 KDJ 指标形成金叉, 然后股价再次回落致使 KDJ 指标出现死叉。

对于投资者来说, 如果在第一个死叉出现时便急于卖出, 极有可能错失一段利润空间。此时可以借助 20 日均线或 30 日均线来进行综合判断, 在 KDJ 指标二次死叉出现后, 股价下行跌破中期均线, 说明个股趋势已经发生改变, 投资者最好尽快离场。

实例分析

云化天（600096）80 线附近 KDJ 指标二次死叉分析

图 1-16 为云化天 2021 年 4 月至 9 月的 K 线走势。

从云化天的这段 K 线走势可以看到, 股价从 7.50 元的相对低位处不断向上攀升, 2021 年 8 月底, 股价上涨至 25.00 元价位线附近后止涨, 与此同时, KDJ 指标随着股价的上涨而上行至 80 线上方的超买区域, 接着 KDJ 拐头向下并在 80 线上形成高位死叉, 说明市场内的多头动能衰减, 股价可能随时见顶回落。

股价此番止涨回落并未持续较长时间且未出现较大幅度的下行, 仅仅在 25.00 元价位线上横盘整理了几个交易日后便再次向上拉升, 下方的 KDJ 指标拐头向上形成高位金叉。这一波拉升在短短几个交易日内就将股价拉升至 35.00 元价位线上, 涨速急促而猛烈, 该股在创出 37.25 元的新高后便滞涨, 在 35.00 元价位线附近横盘整理。

与此同时，下方的 KDJ 指标再次在 80 线上的超买区拐头向下形成高位二次死叉。

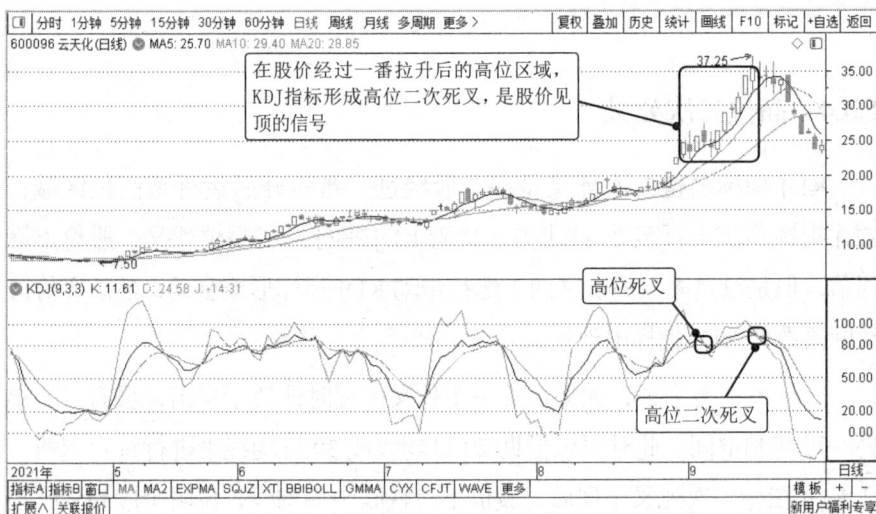

图 1-16　云化天 2021 年 4 月至 9 月的 K 线走势

高位二次死叉的出现说明场内的多头力量在连续的拉升中基本消耗殆尽，后市股价可能见顶回落转入新一轮下跌行情中，投资者应注意离场。

KDJ 指标在形成高位二次死叉后继续下行，并下穿 50 线，运行至 50 线下方，上方的 K 线也连续收阴下跌，并有效跌破 20 日均线，进一步说明该股的运行趋势已经发生改变，投资者最好不要再对后市抱有幻想，以离场锁定前期收益为佳。

图 1-17 为云化天 2021 年 8 月至 2022 年 2 月的 K 线走势。

从云化天后市的 K 线走势可以看到，KDJ 指标发出高位二次死叉信号后，股价便以 37.25 元的价格见顶，在 5.00 元价位线上横盘整理几个交易日后便转入下跌行情中，股价震荡下行，跌势沉重。

如果投资者在发现 KDJ 指标形成高位二次死叉时没有及时离场，将遭受重大损失。

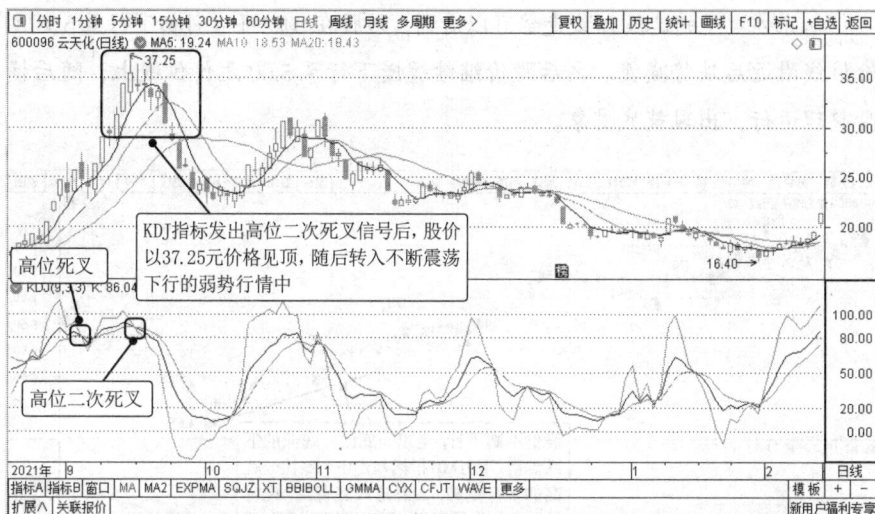

图 1-17　云化天 2021 年 8 月至 2022 年 2 月的 K 线走势

1.3.5　KDJ 指标与股价底背离

KDJ 指标与股价底背离指的是 KDJ 指标的运行方向与股价走势的一种不配合状态。

具体是指个股处于下跌行情中，经过一段时间的下跌后运行至相对低位处继续向下，走出一底比一底更低的下跌走势，但是下方的 KDJ 指标却拐头向上，走出一底比一底高的上升走势，这种现象就是 KDJ 指标与股价的底背离。

KDJ 指标与股价底背离现象的出现，说明市场中的空头动能经过连续的下跌后力量已经被削弱，此时市场中的多头力量却逐渐聚集，股价短期内即将见底迎来一波上涨行情，是可靠的买入信号。

实例分析

东方电子（000682）KDJ 指标与股价出现底部背离

图 1-18 为东方电子 2022 年 1 月至 5 月的 K 线走势。

从东方电子的这段 K 线走势可以看到，该股在 2022 年 4 月初下行至 5.50 元价位线附近后跌势减缓。之后股价继续缓慢下行至 5.00 元价位线上，随后横盘整理运行，出现筑底迹象。

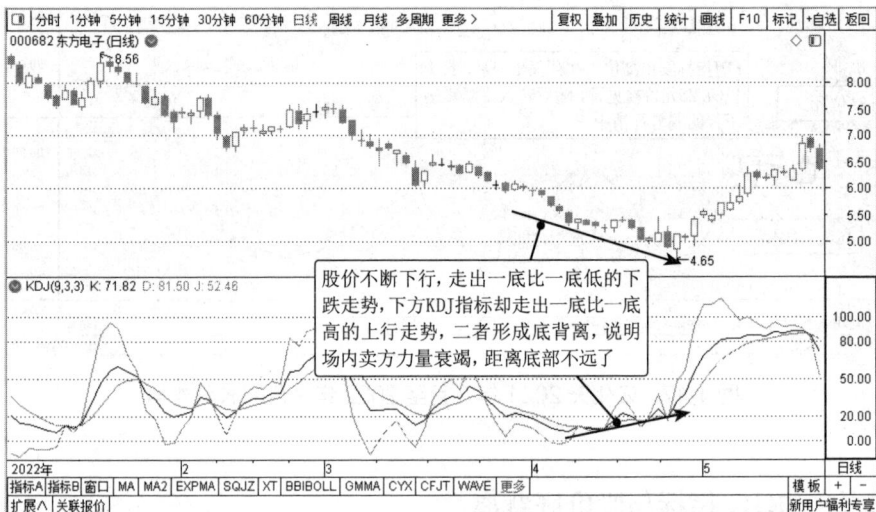

图 1-18　东方电子 2022 年 1 月至 5 月的 K 线走势

仔细观察股价走势发现，在股价下行的低位区域，K 线走出一底比一底低的下跌走势时，下方的 KDJ 指标却没有同步下行，反而拐头向上走出一底比一底高的上行走势，与股价形成底背离。

KDJ 指标与股价形成底背离说明经过连续的下跌，市场内的空头动能基本释放完全，此时多头开始蓄力，股价下跌空间有限，是可靠的见底信号，投资者可以逢低买入，持股待涨。

图 1-19 为东方电子 2022 年 3 月至 8 月 K 线走势。

从东方电子后市的 K 线走势来看，KDJ 指标与股价出现底部背离现象后不久，股价在 5.00 元价位线上止跌，随后转入波动上行的拉升行情中，且涨势稳定，涨幅较大。

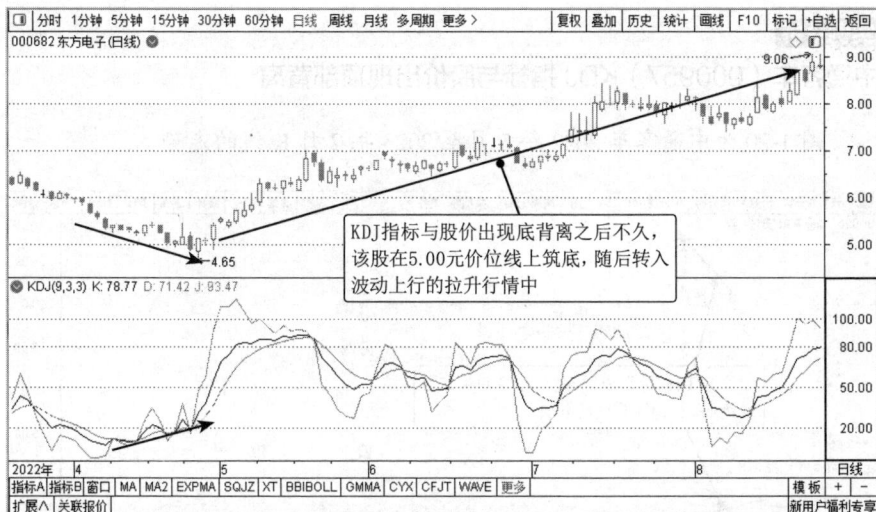

图 1-19 东方电子 2022 年 3 月至 8 月的 K 线走势

1.3.6 KDJ 指标与股价顶背离

KDJ 指标与股价顶背离是指个股在上涨的过程中走出一顶比一顶高的上涨走势，但下方的 KDJ 指标却没有伴随股价的上涨而创出新高，而是拐头向下走出一顶比一顶低的下行走势，与股价形成顶背离的现象。

KDJ 指标与股价的顶背离现象说明市场中的买方力量经过前期的上涨已经逐渐减弱，难以维持股价继续上涨，这是股价见顶反转回落的信号。此时，投资者不应盲目追涨，而是应该注意抛售持股离场。

KDJ 指标与股价的顶背离现象出现时通常具有以下特点。

①经过一段时间的拉升后，股价运行至相对高位区域止涨出现调整走势，然后再度启动上涨走势，并创出新高。与此同时，下方的 KDJ 指标同步上扬，但却没有向上突破前期高点。

②顶背离现象出现时，KDJ 指标如果处于 80 线上方的超买区，那么股价见顶回落的可能性较大。

实例分析

中通客车（000957）KDJ 指标与股价出现顶部背离

图 1-20 为中通客车 2022 年 5 月至 2023 年 2 月 K 线的走势。

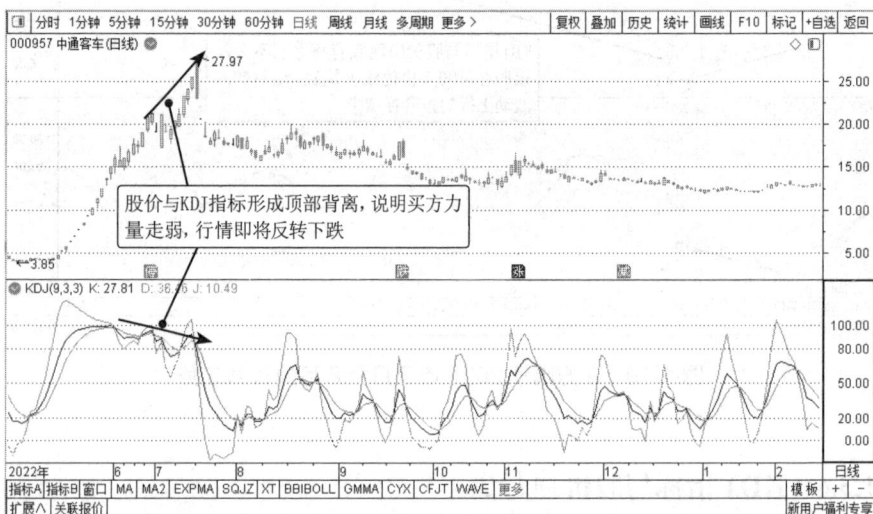

图 1-20　中通客车 2022 年 5 月至 2023 年 2 月的 K 线走势

根据中通客车的这段 K 线走势显示，该股从 4.00 元价位线附近的相对低位区域开始向上攀升。K 线连续收出多个涨停板，个股涨势猛烈，涨幅极大。

2022 年 6 月下旬，股价上涨至 20.00 元价位线附近后滞涨回落，但很快股价受到支撑止跌，并再次向上攀升。7 月 19 日，股价创出 27.97 元新高的同时收出一根跌停大阴线，出现见顶迹象。

仔细观察这一段走势发现，在股价再次向上发起冲击，走出上涨走势的同时，下方 KDJ 指标却在 80 线上方的超买区域拐头向下，整体走出一顶比一顶低的下跌走势，与股价的上涨形成顶背离现象。

顶背离现象的出现，说明经过前期长时间大幅度的拉升行情，市场中的买方力量已经被消耗，难以继续维持上涨，股价短期可能见顶回落，转入下跌走势中。投资者最好减仓或清仓出局，锁定前期收益。

1.4 KDJ 指标曲线形态分析

在股价的 K 线走势分析中我们常常会运用到顶部或底部形态，比如双重顶 / 底、头肩顶 / 底、三重顶 / 底来辅助判断股价的底部和顶部。但是很多投资者不知道的是，在 KDJ 指标中同样存在顶部形态和底部形态，且与 K 线走势中的顶部形态和底部形态有异曲同工之妙。

1.4.1 KDJ 指标双重底形态

KDJ 指标双重底形态是指 KDJ 指标随着股价的下行同步运行至 50 线下的低位区，并在运行过程中 K 曲线连续两次下跌后又被拉起，由此形成类似英文字母 "W" 的双重底形态。双重底形态的出现说明 K 曲线即将脱离底部区域，后市即将迎来一波新的上涨行情，是投资者的买入信号。

在运用 KDJ 指标双重底形态时需要注意以下几点。

①当 KDJ 指标中的 K 曲线反弹回升向上突破双重底形态颈线（K 曲线第一个低点形成后的反弹高点水平线即为双重底的颈线）位置时，说明双重底形态形成，K 曲线将脱离底部区域，个股即将转入上涨行情，投资者可以适当跟进买入。

② KDJ 指标双重底形态没有具体的形成时间限制，但是双底中两个低点相隔的时间周期越长，那么后市股价见底反转上涨的可能性也就越大。

③ KDJ 指标双重底形态中两个低点大致处于同一水平位置上，在实战中往往第二个低点的位置比第一个低点的位置略高，但这并不影响信号的准确性。

④如果 KDJ 指标双重底形态中的两个低点都处于 20 线下，那么传递出的后市看涨信号会更强烈。

实例分析

宁波韵升（600366）KDJ 指标双重底形态分析

图 1-21 为宁波韵升 2021 年 11 月至 2022 年 5 月的 K 线走势。

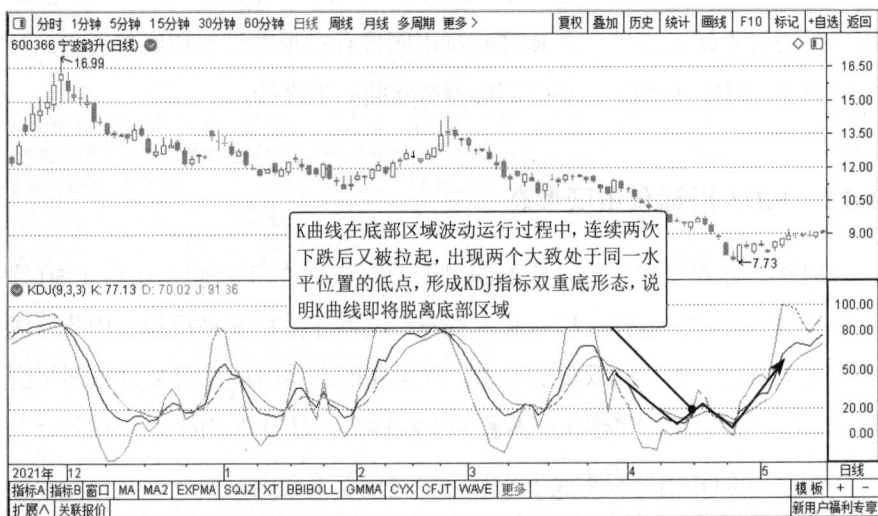

图 1-21　宁波韵升 2021 年 11 月至 2022 年 5 月 K 线走势

从宁波韵升的 K 线走势可以看到，该股在 2021 年 11 月底创出 16.99 元的价格后见顶，之后股价从高位区域向下滑落，跌势沉重。下方的 KDJ 指标随着股价的下跌同步下行，2022 年 4 月，KDJ 指标运行至 20 线下的超卖区域，并在该区域内波动运行。

此时仔细查看 KDJ 指标中的 K 曲线走势发现，K 曲线在超卖区域波动运行的过程中，连续两次下跌后又被拉起，出现了两个大致处于同一水平位置的低点，形成双重底形态。

双重底形态的出现，说明场内的空头力量经过连续的下跌已经被消耗殆尽，市场由弱转强，即将进入多头市场迎来一波上涨行情。

从图 1-21 中可以看到，当 KDJ 指标形成双重底形态之后，KDJ 指标继续上行，当 K 曲线向上突破颈线时可视为一个买点，之后指标线继续向上且突破 50 线，运行至 50 线上方转入强势区域中。上方股价也止跌企稳，并出现小幅回升迹象。这些信号都进一步确定了该股这一波下跌行情触底，投资者可以买入跟进。

图 1-22 为宁波韵升 2022 年 3 月至 8 月 K 线走势。

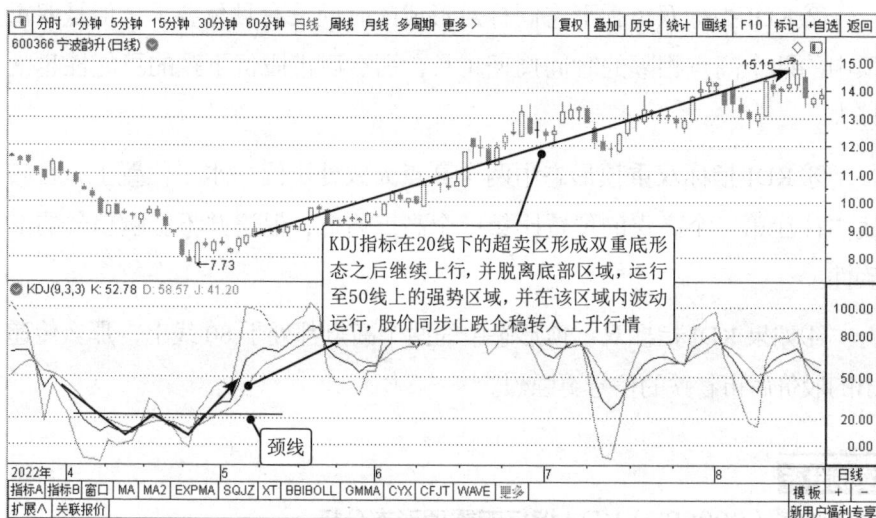

图 1-22　宁波韵升 2022 年 3 月至 8 月的 K 线走势

从宁波韵升后市的走势可以看到，KDJ 指标在 20 线下的超卖区域形成双重底形态之后，上方的股价同步触底回升，转入新一轮上涨行情中，股价不断向上攀升，涨势稳定。

1.4.2　KDJ 指标双重顶形态

KDJ 指标双重顶形态是指个股处于上升行情中，KDJ 指标的 K 曲线随着股价的上涨同步上行至顶部区域，并在运行过程中连续两次冲高都被打压回落，出现两个大致处于同一水平位置上的高点，进而形成类似于英文字母 "M" 的双重顶形态。

KDJ 指标双重顶形态的出现，说明 K 曲线即将脱离顶部区域开始下行，是股价见顶回落的信号，预示个股即将转入空头市场，迎来一波下跌行情。

在实战中运用 KDJ 指标双重顶形态时需要注意以下几点。

①当 K 曲线向下运行跌破双重顶形态的颈线（K 曲线第一个高点形成后回落的低点水平线即为双重顶的颈线）位置时，表明 K 曲线即将脱离顶部，投资者可以在此位置及时卖出离场，锁定前期收益。

② KDJ 指标双重顶形态同样对形成的时间没有具体要求，但是双重顶中的两个高点相隔的时间周期越长，那么后市股价下跌的可能性也就越大。

③ KDJ 指标双重顶形态中两个高点大致处于同一水平位置上，在实战中往往第二个高点的位置比第一个高点略低，但这并不影响信号的准确性。

④如果 KDJ 指标双重顶形态中的两个高点都处于 80 线上，那么传递出的股价后市看跌的信号更强烈。

实例分析

中船防务（600685）KDJ 指标双重顶形态分析

图 1-23 为中船防务 2020 年 4 月至 8 月的 K 线走势。

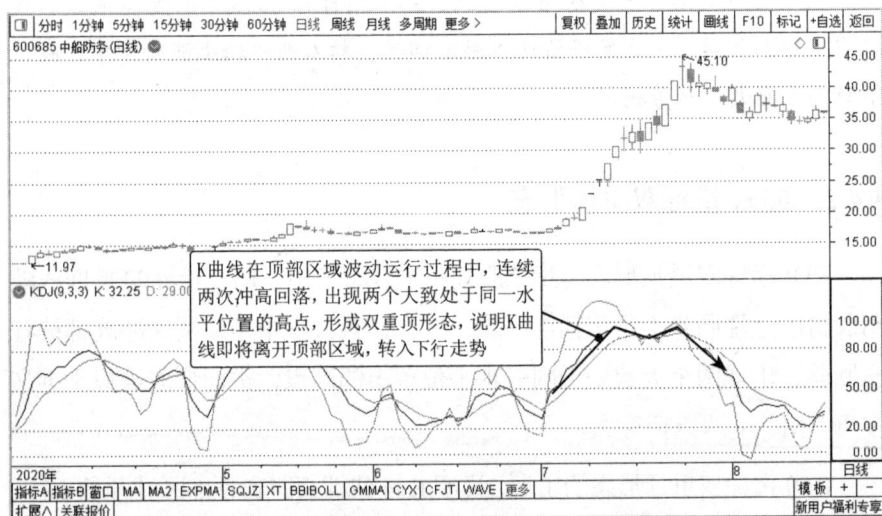

K曲线在顶部区域波动运行过程中，连续两次冲高回落，出现两个大致处于同一水平位置的高点，形成双重顶形态，说明K曲线即将离开顶部区域，转入下行走势

图 1-23　中船防务 2020 年 4 月至 8 月的 K 线走势

从中船防务的 K 线走势可以看到，股价从 15.00 元价位线下方的相对低位处缓慢向上攀升，进入 7 月后，股价出现快速强势上涨行情，下方的 KDJ 指标随着股价的上行同步运行至 80 线上的超买区，并在该区域内波动运行。

仔细观察 KDJ 指标在超买区域的走势可以发现，K 曲线连续两次冲高后都被快速打压回落，在走势中出现了两个大致处于同一水平位置上的高点，形成双重顶形态。说明经过前期的大幅拉升行情，市场中的多头力量被大量消耗而走弱，预示该股即将见顶迎来下跌，场内的持股投资者要注意离场。

图 1-24 为中船防务 2020 年 7 月至 2021 年 3 月的 K 线走势。

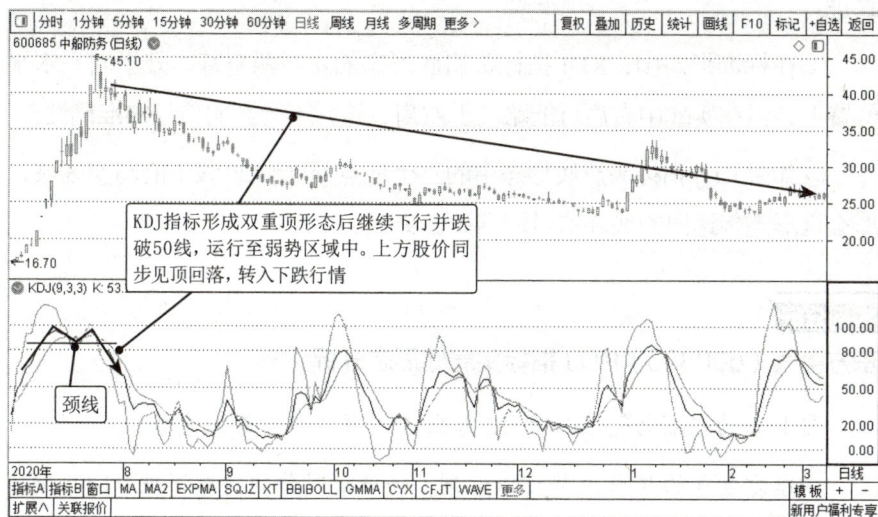

图 1-24　中船防务 2020 年 7 月至 2021 年 3 月 K 线走势

从中船防务后市的 K 线走势可以看到，在 KDJ 指标形成双重顶形态之后，KDJ 指标继续下行，并跌破 50 线运行至弱势区域，说明市场中的空头力量占据绝对优势。

上方股价同步在 45.00 元价位线附近见顶回落，随后转入不断震荡下行的弱势行情中。如果投资者能够发现 KDJ 指标双重顶形态发出的顶部信号，在 K 线曲跌破双重顶形态颈线时及时离场，则可躲避这一波下跌。

1.4.3　KDJ 指标头肩底形态

KDJ 指标头肩底形态是指 KDJ 指标中的 K 曲线在底部区域波动运行的过程中，连续三次下跌后又被拉起，使得走势中出现了三个低点，且左右两个低点大致处于同一水平位置上，构成头肩底形态的左肩和右肩，中间的低点最低，构成形态的头部。

在实际应用 KDJ 指标头肩底形态时要注意以下几点。

①KDJ 指标头肩底形态形成，当 K 曲线向上突破头肩底形态颈线（左右两肩的反弹高点连线即为 KDJ 指标头肩底形态的颈线）时，预示个股即将展开新一轮上涨行情，投资者可以在 K 曲线向上突破颈线时买入跟进。

②在标准形态中，KDJ 指标头肩底形态的左右两肩基本处于同一水平位置上，但在实战中右肩可能略高于左肩，这并不会影响信号的准确性。

③如果 KDJ 指标头肩底形态中的三个低点都处于 20 线下的超卖区域，那么该形态传递出的底部信号的准确性更强。

实例分析

东方电气（600875）KDJ 指标头肩底形态分析

图 1-25 为东方电气 2021 年 12 月至 2022 年 6 月的 K 线走势。

从东方电气的 K 线走势可以看到，伴随着股价的持续下跌，KDJ 指标也同步下行至 50 线下的弱势区域。

2021 年 4 月下旬，股价下跌至 12.00 元价位线下方，创出 11.05 元的新低后止跌企稳并小幅回升，出现上涨迹象。此时查看下方的 KDJ 指标走势发现，在股价低位下行的过程中，KDJ 指标中的 K 曲线连续三次下跌后又被迅速拉起，在 20 线附近出现了三个连续的低点，且左右两个低点大致处于同一水平位置上，中间低点位置最低，形成头肩底形态。预示股价经过大幅下跌后可能见底，激进的投资者可以少量建仓抄底。

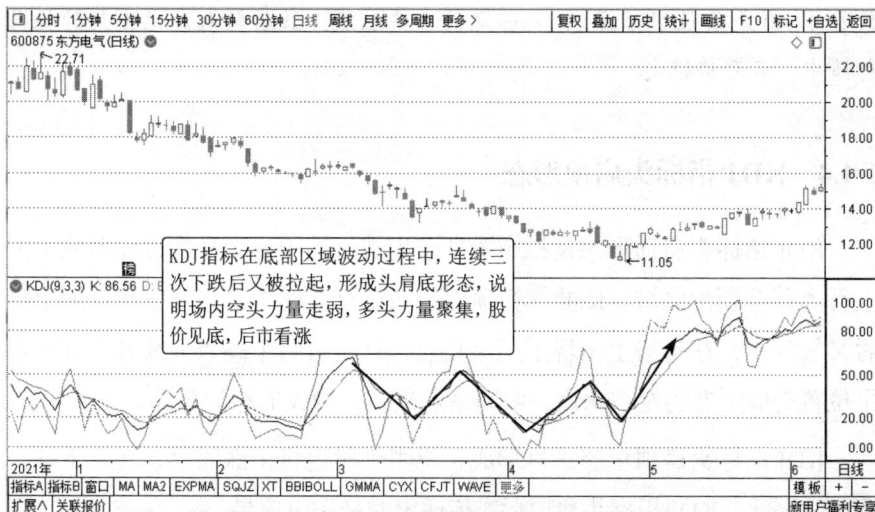

图 1-25 东方电气 2021 年 12 月至 2022 年 6 月的 K 线走势

图 1-26 为东方电气 2022 年 3 月至 10 月的 K 线走势。

图 1-26 东方电气 2022 年 3 月至 10 月的 K 线走势

从东方电气后市的走势情况来看，KDJ 指标在底部区域形成头肩底形态之后继续上行，K 曲线向上突破颈线运行至 50 线上方。与此同时，该股股价在 12.00 元价位线下方以 11.05 元的价格触底，随后转入波动上行的拉升行情中，且涨势稳定。

1.4.4　KDJ 指标头肩顶形态

KDJ 指标头肩顶形态是指个股处于上涨行情中，KDJ 指标随着股价的上行运行至顶部区域，K 曲线在顶部区域运行过程中，连续三次快速上冲后又被打压，在走势上出现了三个高点，且左右两个高点大致处于同一水平位置构成形态的左右两肩，中间高点最高，构成形态的头部。

KDJ 指标头肩顶形态一旦形成，说明个股也将止涨回落，转入下跌行情中，因此，KDJ 指标头肩顶形态传递出的是卖出信号。

在实战中运用 KDJ 指标头肩顶形态时需要注意以下几点。

① KDJ 指标头肩顶形态形成，当 K 曲线向下跌破头肩顶形态的颈线（形态左右两肩回落的低点连线即为 KDJ 指标头肩顶形态的颈线）时，说明 K 曲线即将脱离顶部区域向下运行，个股即将展开一波下跌行情，投资者需要在 K 曲线向下跌破颈线时及时离场。

②在标准形态中，KDJ 指标头肩顶形态的左右两肩基本处于同一水平位置上，但在实战中右肩可能略低于左肩，这并不会影响信号的准确性。

③如果 KDJ 指标头肩底形态中的三个高点都处于 80 线上的超买区域，那么该形态传递出的顶部信号准确性更强。

实例分析

健民集团（600976）KDJ 指标头肩顶形态分析

图 1-27 为健民集团 2021 年 10 月至 2022 年 1 月的 K 线走势。

从健民集团的 K 线走势可以看到，该股整体处于不断震荡拉升的多头市场中，股价从相对低位处向上攀升，涨势稳定。2022 年 1 月初，该股上涨至 80.00 元价位线上方，创出 86.78 元的新高后止涨且小幅回落，此时股价距离起涨点较远，累计涨幅较大，行情存在见顶风险。

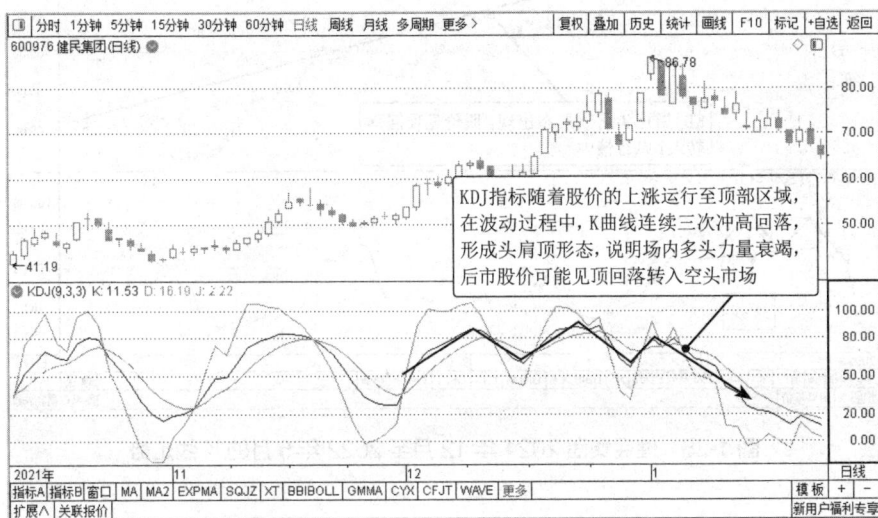

图 1-27 健民集团 2021 年 10 月至 2022 年 1 月的 K 线走势

与此同时，查看下方的 KDJ 指标发现，在股价波动上行的过程中，KDJ 指标同步上行。2021 年 12 月，KDJ 指标中的 K 曲线在 50 线上波动运行时连续三次快速冲高后又被打压回落，在 80 线附近的超买区域形成了三个高点，且左右两个高点大致上处于同一水平位置，中间高点最高，形成头肩顶形态。

KDJ 指标头肩顶形态的出现进一步确认了股价见顶信号的有效性，场内的持股投资者要注意及时离场，躲避下跌走势。

图 1-28 为健民集团 2021 年 12 月至 2022 年 6 月的 K 线走势。

从健民集团的后市走势可以看到，KDJ 指标头肩顶形态形成后，上方股价也见顶回落转入震荡下行的弱势行情中，且跌幅较大。

在股价下跌带动下方的 KDJ 指标同步下行并在跌破 KDJ 指标头肩顶形态颈线时，前期还没离场的投资者就要抓住机会，及时离场。

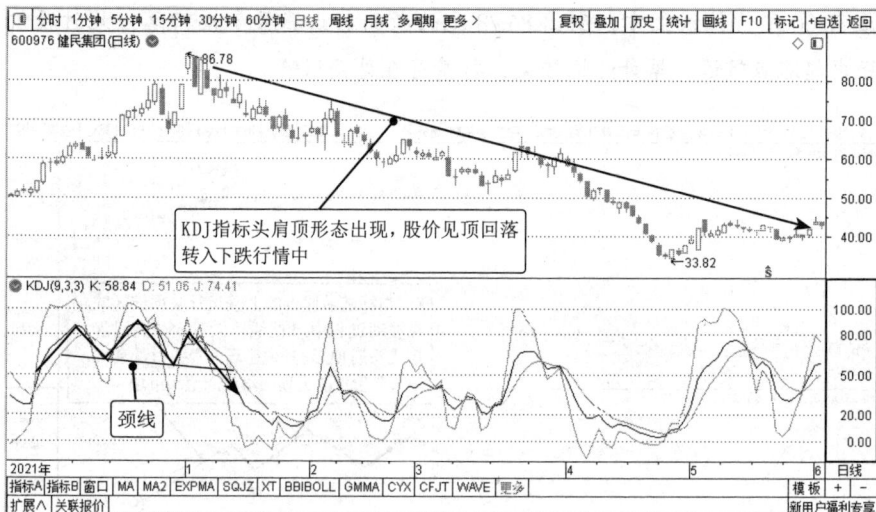

图 1-28　健民集团 2021 年 12 月至 2022 年 6 月的 K 线走势

1.4.5　KDJ 指标三重底形态

KDJ 指标三重底形态是指 KDJ 指标中的 K 曲线在低位区域运行过程中，连续三次下跌被拉起，在指标走势中形成三个低点，且三个低点大致处于同一水平位置。当 KDJ 指标形成三重底形态时，说明场内的空头动能释放完全，股价下跌行情见底，即将转入新一波上涨走势中。

在实战中运用 KDJ 指标三重底形态时需要注意以下几点。

① KDJ 指标三重底形态中的三个低点相隔时间越长，后市股价上涨的概率就越大。

② KDJ 指标三重底形态中最后一个低点略高于前一个低点，股价上涨的可能性越大。

③ KDJ 指标三重底的三个低点都位于 20 线下方，股价上涨力度越大。

④ KDJ 指标向上突破三重底形态的颈线（形态前两个低点的反弹高点连线即为 KDJ 指标三重底形态的颈线）时，涨势确定，投资者可以买入。

实例分析

广晟有色（600259）KDJ 指标三重底形态分析

图 1-29 为广晟有色 2021 年 12 月至 2022 年 5 月的 K 线走势。

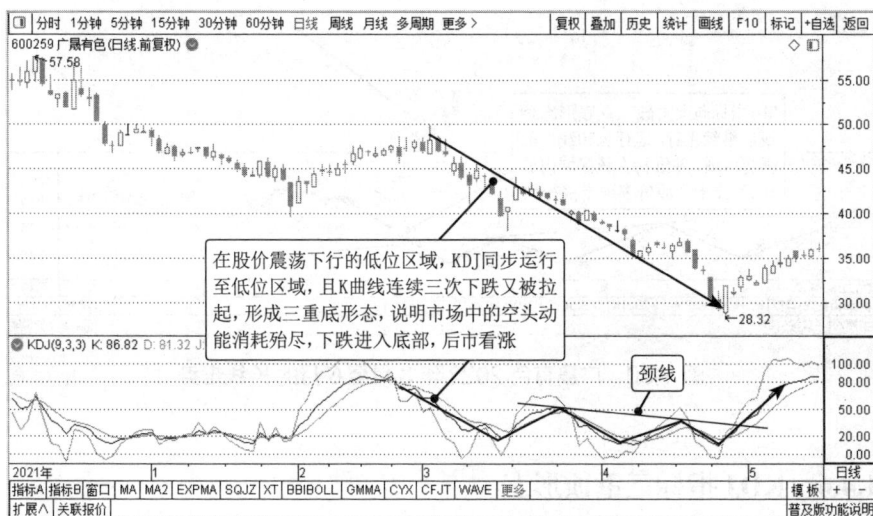

图 1-29　广晟有色 2021 年 12 月至 2022 年 5 月的 K 线走势

从广晟有色的 K 线走势可以看到，股价从相对高位处不断向下震荡运行。2022 年 3 月至 5 月，上方股价继续向下逐浪下行，不断创出新低，而 KDJ 指标则同步下行至低位区域，其中 K 曲线连续三次下跌又被拉起，形成三重底形态，且三个低点均在 20 线之下，说明经过前面的一番下跌后，市场中的空头动能消耗殆尽，下跌进入底部，后市看涨。

2022 年 4 月下旬，KDJ 指标拐头上行，向上穿过三重底形态颈线时，上方股价止跌，K 线连续收出阳线向上拉升股价，说明广晟有色股票这一轮下跌行情结束，新一轮上涨行情启动，投资者可以在此位置跟进。

图 1-30 为广晟有色 2022 年 3 月至 6 月的 K 线走势。

从广晟有色后市的 K 线走势可以看到，KDJ 指标向上突破三重底形态的颈线后继续向上运行，并自下而上突破了 50 线，运行至 50 线上方的强势区域，随后长期维持在该区域内波动运行。上方股价也止跌回升，转入新一轮上涨行情中，股价震荡向上，涨速极快，涨幅巨大。

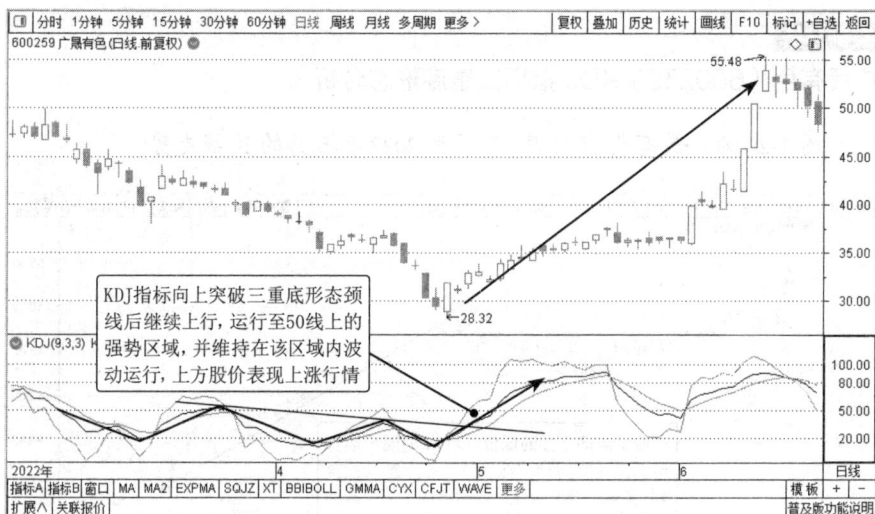

图 1-30 广晟有色 2022 年 3 月至 6 月的 K 线走势

1.4.6 KDJ 指标三重顶形态

KDJ 指标三重顶形态是与三重底相对的一种技术形态，是指 K 曲线在顶部区域连续三次冲高回落后形成三个高点，且三个高点大致处于同一水平位置。三重顶形态的出现说明场内的多头动能已经被消耗殆尽，难以继续向上推高股价，场内空头力量逐渐增强，并抢占市场，后市看跌。

在实战中运用 KDJ 指标三重顶形态时需要注意以下几点。

① KDJ 指标三重顶形态的高点相隔时间周期越长，后市股价下跌的可能性就越大。

② KDJ 指标三重顶形态中最后一个顶点略低于前一个顶点，股价下跌的可能性越大。

③ KDJ 指标三重顶的三个顶点都处于 80 线上方，股价下跌强度越大。

④ KDJ 指标向下跌破三重顶形态的颈线（形态的两个回落低点连线即为 KDJ 指标三重顶形态的颈线）时，跌势确定，投资者应尽快卖出。

实例分析

嘉化能源（600273）KDJ 指标三重顶形态分析

图 1-31 为嘉化能源 2021 年 6 月至 9 月的 K 线走势。

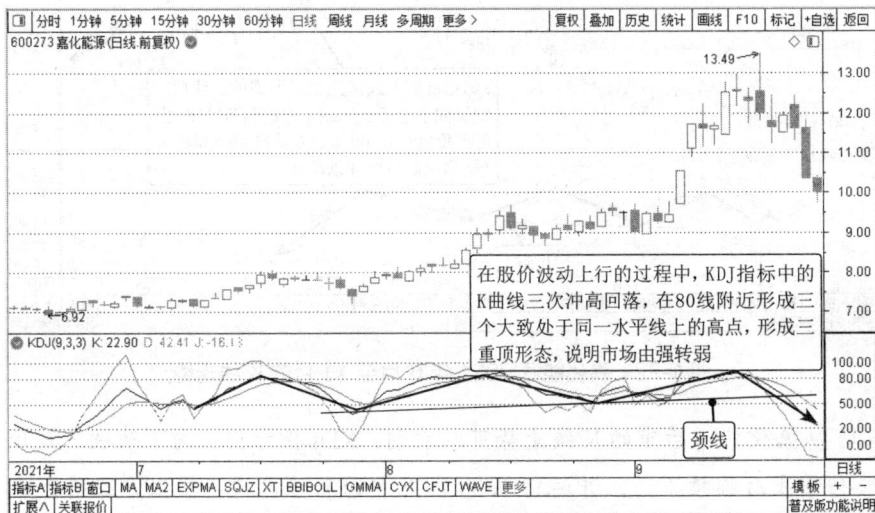

图 1-31 嘉化能源 2021 年 6 月至 9 月的 K 线走势

从嘉化能源的 K 线走势可以看到，2021 年 9 月中旬，股价上涨至 13.00 元价位线附近后止涨横盘。

此时查看下方的 KDJ 指标发现，在前期股价震荡上行的过程中，KDJ 指标在 50 线上的强势区域内波动运行。仔细观察可以发现，KDJ 指标中的 K 曲线三次冲高至 80 线附近后被打压回落，在走势上形成了三个大致处于同一水平位置上的高点，形成三重顶形态。说明市场中的多头力量在股价连续上涨的过程中被消耗，场外没有持续资金流入，支撑股价继续向上推高，多头力量衰竭，个股上涨行情即将进入尾声，后市看空。

当股价在高位止涨后，KDJ 指标也拐头下行，且很快向下跌破三重顶形态的颈线，说明该股下跌趋势确定，空头力量强劲，投资者应尽快抛售手中持股离场。

图 1-32 为嘉化能源 2021 年 6 月至 11 月的 K 线走势。

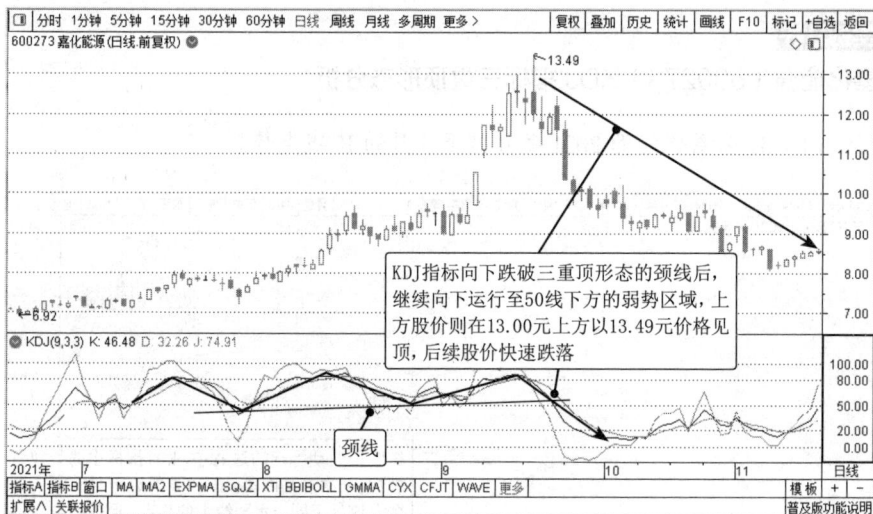

图 1-32　嘉化能源 2021 年 6 月至 11 月的 K 线走势

　　从嘉化能源后市的 K 线走势可以看到，KDJ 指标拐头向下跌破三重顶形态颈线后继续下行，并运行至 50 线下方的弱势区域。而上方股价则在 13.00 元上方以 13.49 元价格见顶，随后转入下跌行情中，股价向下快速跌落，跌速极快。

2.1 RSI指标的计算及其意义

第2章

RSI: 利用波动强弱变化寻短线机会

RSI指标的中文名称为相对强弱指标，它是通过比较一段时期内单个股价的涨跌幅度或整个市场指数的涨跌大小，来判断市场中多空双方买卖力量的强弱程度，进而对后市进行分析判断的一种技术指标，是短线操作中比较常用的一种技术分析指标。

2.1 RSI 指标的构成及其意义

尽管股价永远处于波动变化之中，难以预测，但是并非毫无规律。行情的变化波动最终取决于市场中的供求关系，当股票供低于求时，股价便会增长；当股票供过于求时，股价便会下跌。所以股市中的供求关系是投资者分析股价走向的重要因素。而 RSI 指标正是基于供求平衡的原理，通过测量计算某一期间内股价上涨总幅度占股价变化总幅度平均值的百分比，来评估市场中多空力量的强弱程度，进而得出市场买卖决策信号。

2.1.1 RSI 指标的设计原理与计算

RSI 指标的原理比较容易理解，它是以数字计算的方式求出市场中买卖双方的力量对比，由此判断多空双方力量的强弱。因此，RSI 指标是通过比较一段时间内的平均收盘涨数和平均收盘跌数来分析市场中的多空力量，其计算公式如下。

N 日 $RS = A \div B \times 100\%$

N 日 $RSI = 100 \times RS \div (1 + RS)$

公式中，A 指的是 N 日内收盘涨幅之和的平均值，B 指的是 N 日内收盘跌幅之和的平均值（取正值），RS 指的是平均涨幅与平均跌幅的比值。

从公式来看，RSI 指标的技术含义就是将向上力量与向下的力量进行比较，若向上的力量较大，则计算出来的指标上升；若向下的力量较大，则指标下降，由此测算出市场走势的强弱。

下面以一个具体的例子来讲解 RSI 指标的计算方法，假设 10 天里，个股一共上涨了 3.00 元，那么上涨价格之和的平均值为 $3 \div 10 \approx 0.3$。同时，假设这 10 天里共下跌了 5.00 元，那么下跌之和的平均值为 $5 \div 10 = 0.5$。此时计算 RS 为 $0.3 \div 0.5 \times 100\% = 60\%$。最后计算 RSI 为 $100 \times 60\% \div (1 + 60\%) = 37.5$。

RSI 指标认为市场中任何股价涨跌变化，多空力量对比始终在 0 ~ 100 变动，所以 RSI 数值在 0 ~ 100 波动。根据常态分配，认为 RSI 指标值通常在 30 ~ 70 变动，其中又以 40 ~ 60 的机会较多。一旦超过 80 便认为市场已达到超买状态，市场短期内会回落调整；当 RSI 跌出 30 以下便认为市场已进入超卖状态，市场短期内将会出现反弹回升走势。

2.1.2　认识 RSI 指标中的三条曲线

RSI 指标由三条曲线组合而成，分别是 RSI1、RSI2 和 RSI3，分别代表 6 日相对强弱指标、12 日相对强弱指标和 24 日相对强弱指标。其中，6 日 RSI 为短期 RSI 指标，12 日 RSI 为中期 RSI 指标，24 日 RSI 为长期 RSI 指标，同时也将 6 日 RSI 称为快速线，12 日 RSI 称为慢速线，图 2-1 为 RSI 指标。

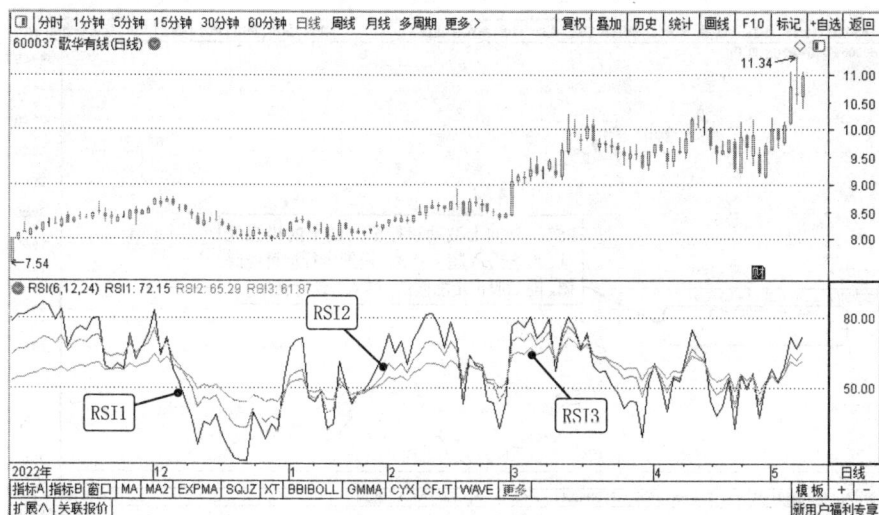

图 2-1　RSI 指标

从 RSI 指标的计算方法可以看出，RSI 指标中"时间"是重要的参数。RSI 指标的参数取值与趋势变化成正比例关系，取值越高，趋势越明显，但指标的敏感性也会相应减弱，使投资者难以快速找寻到隐藏在其中的买卖机会。如果 RSI 指标参数的取值越小，则趋势变化越灵敏，变动越快，但波动也更频繁，让投资者难以辨别其中的买卖机会。所以，从实际的运用情况来看，RSI 指标参数一般以 6 日、12 日和 24 日作为 RSI1、RSI2、RSI3 的参考基准期，这样的时间周期更为合理。

2.1.3 认识 RSI 指标的运行区间

RSI 指标的波动变化范围在 0 ~ 100，根据每个波动区间市场意义的不同可以对其做进一步划分，具体如下。

① 80 ~ 100 称为极强区域，当 RSI 指标在该区间波动，表明市场中多方力量远远大于空方力量，双方力量存在比较巨大的悬殊，市场处于超买状态，短期内行情可能出现回调，投资者应注意离场，图 2-2 为 RSI 指标进入极强区域。

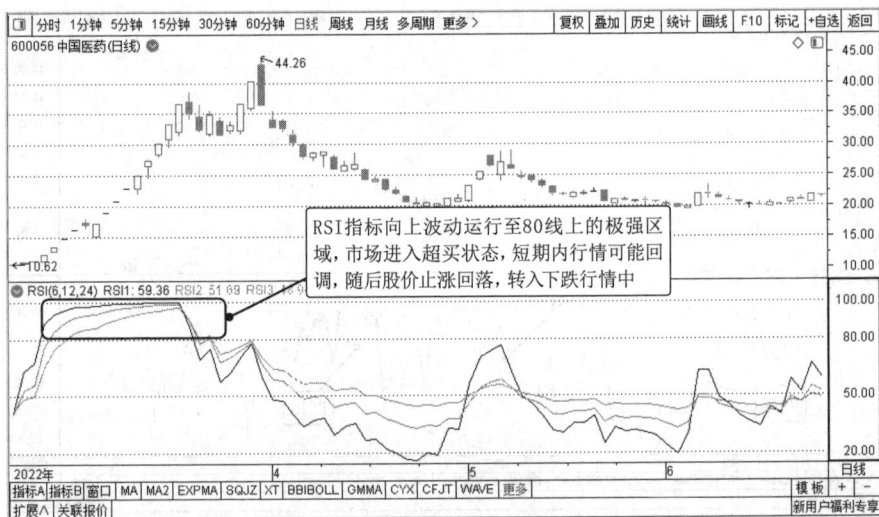

图 2-2 RSI 指标进入极强区域

② 50 ~ 80 称为强势区域，当 RSI 指标在该区间波动，说明市场中的多头处于优势状态，主导市场良性波动，后市继续看多，投资者可以择机买进，图 2-3 为 RSI 指标在强势区域波动。

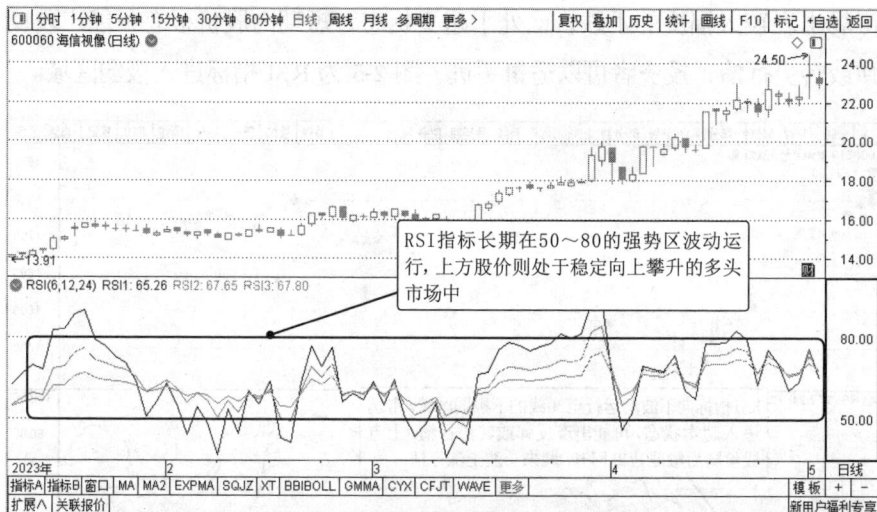

图 2-3　RSI 指标在强势区域波动

③ 20 ～ 50 称为弱势区域，当 RSI 指标在该区间波动，说明此时市场中的空头力量占据绝对优势，后市股价继续下行表现弱势的可能性较大，投资者场外观望较好，图 2-4 为 RSI 指标在弱势区域波动。

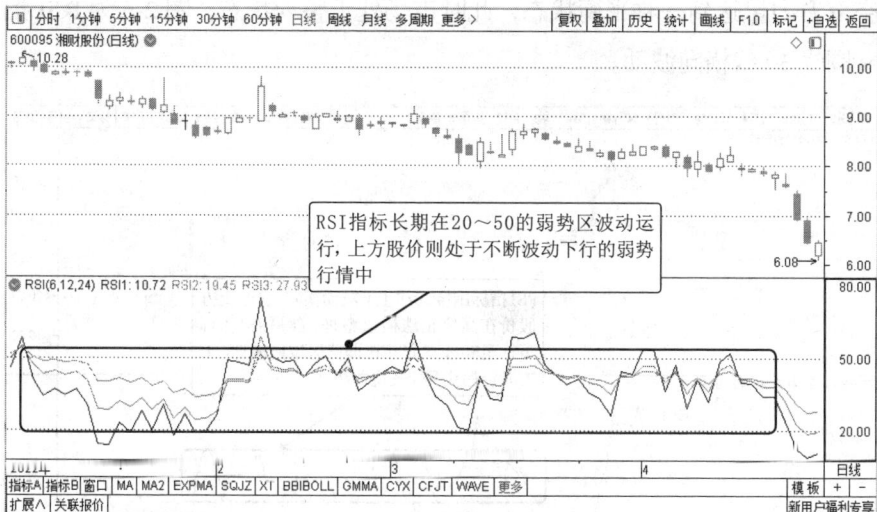

图 2-4　RSI 指标在弱势区域波动

④ 0 ～ 20 称为极弱区域，当 RSI 指标在该区间波动，说明市场中的卖盘大于买盘，空头力量以绝对优势强于多头力量，在空头大举进攻之后，

市场出现较大幅度的下跌，已处于超卖状态，短期内股价极有可能出现反弹或转势行情，投资者可以适量买进，图2-5 为 RSI 指标进入极弱区域。

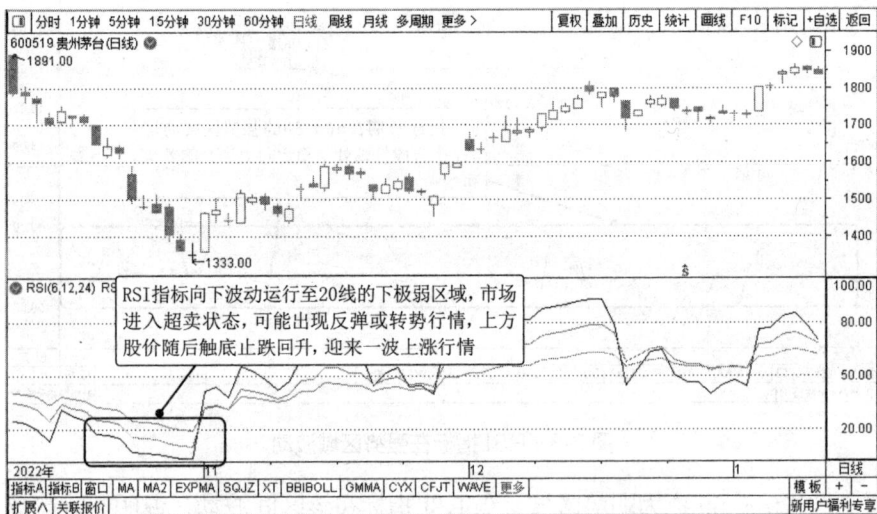

图 2-5　RSI 指标进入极弱区域

⑤当 RSI 指标以 50 线为中心上下波动横向运行时，说明市场中的多空双方力量达到一种平衡状态，此时市场处于整理状态，图2-6 为 RSI 指标围绕 50 线横向波动。

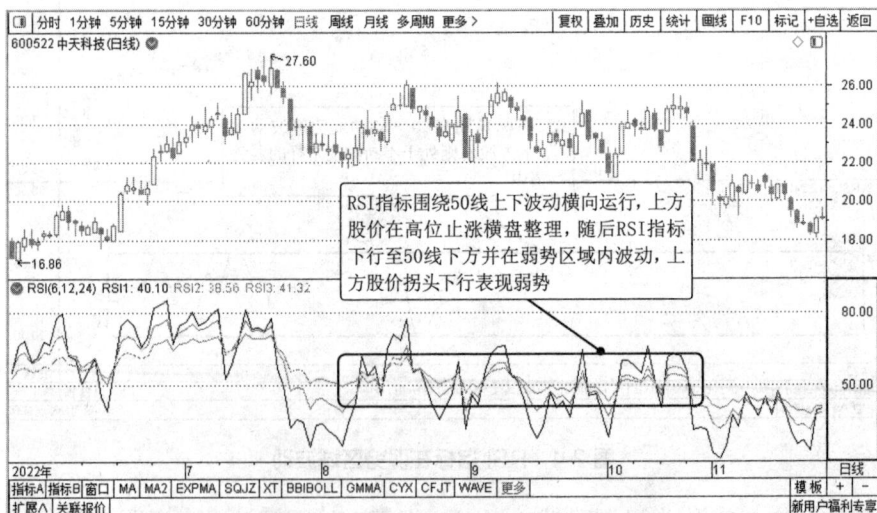

图 2-6　RSI 指标围绕 50 线横向波动

综上所述可以看到，RSI 指标在不同的范围区间波动具有不同的市场意义，借助这些信息能够帮助投资者更准确地把握行情的走势变化，进而寻找到合适的买卖机会。

2.2　RSI 指标中的排列与交叉

RSI 指标中的短期 RSI、中期 RSI 和长期 RSI 曲线会随着股价的变化而不停波动，但是它们并非毫无规律的波动，在 RSI 指标实战运用中可以根据不同周期 RSI 曲线的排列情况和交叉情况来对当前的市场行情做出判断，进而选择适合的投资策略。

2.2.1　RSI 指标中的多头排列

提起"多头排列"大部分人可能首先想到的是均线指标中的多头排列，它指的是短期均线、中期均线和长期均线按照自上而下的顺序依次排列，是一种做多信号。但很多人不知道的是，在 RSI 指标中同样存在多头排列，它指的是短期 RSI、中期 RSI 和长期 RSI 自上而下依次排列的一种状态，说明市场处于多头市场中，个股后市继续上涨的可能性较大，投资者可以做多。

RSI 指标多头排列的技术特征如下。

① RSI 指标多头排列通常出现在上升行情中。

② RSI 指标中的短期 RSI、中期 RSI 和长期 RSI 指标自上而下依次排列。

③ RSI 指标多头排列出现在上涨初期时，投资者可以适量买入跟进，但如果出现在经过一番上涨后的高位末期，则建议投资者不要贸然追涨。

实例分析

东阳光（600673）RSI指标多头排列，市场由弱转强

图2-7为东阳光2021年12月至2022年6月的K线走势。

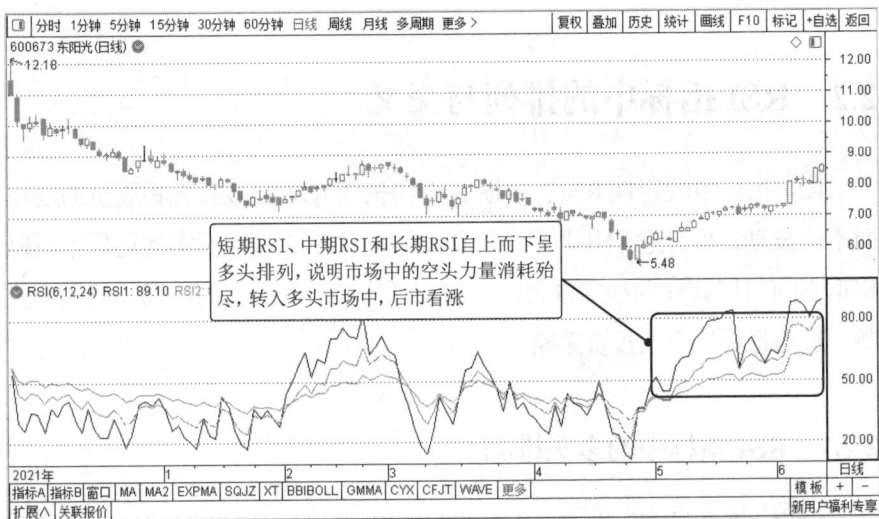

图2-7 东阳光2021年12月至2022年6月K线走势

从东阳光的K线走势可以看到，该股处于震荡向下的弱势行情中，股价不断下跌，RSI指标也同步下行至50线下的弱势区，虽然2022年2月和3月中下旬的一段时间RSI指标上穿到了50线上方，但是在4月底之前RSI指标大多数情况下还是在50线下的区域内波动运行，说明市场正处于空头市场中。

2022年4月底，股价跌破6.00元价位线后，创出5.48元的新低止跌，且K线连续收出上涨阳线向上小幅拉升股价，出现转势回升迹象。

此时查看下方的RSI指标发现，RSI指标拐头上行上穿50线运行至50线上的强势区，且短期RSI、中期RSI和长期RSI指标自上而下依次呈多头排列，说明经过前面的一番大幅下跌行情，场内的空头力量已经被释放完全，而多头力量聚集抢占市场，占据主导地位，市场由弱走强，进一步确认股价见底信号的准确性，投资者可以在此位置买入跟进。

图 2-8 为东阳光 2022 年 3 月至 8 月的 K 线走势。

从东阳光后市的 K 线走势可以看到，在股价上涨初期，RSI 指标呈多头排列后，股价向上稳定攀升，并在 8 月中下旬创出 13.40 元的高价，仅三个多月的时间股价涨幅接近 145%，若投资者在 RSI 指标多头排列后买进，将获益不菲。

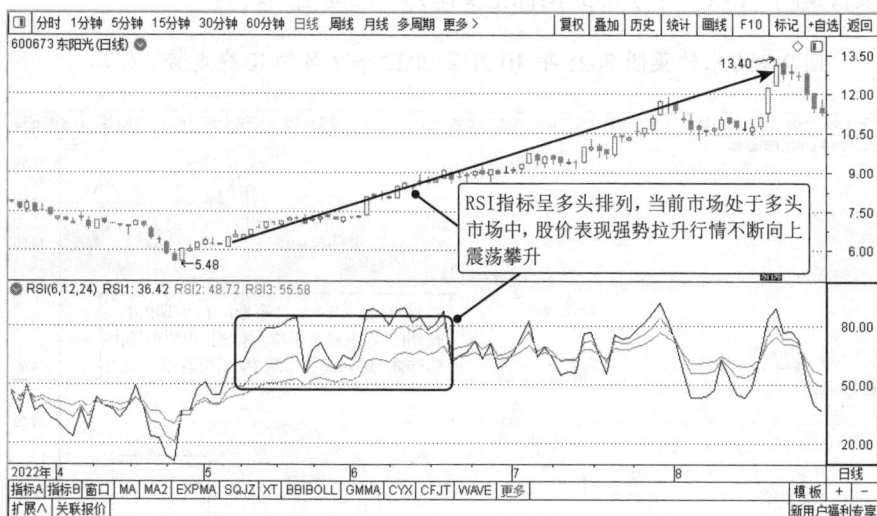

图 2-8　东阳光 2022 年 3 月至 8 月的 K 线走势

2.2.2　RSI 指标中的空头排列

RSI 指标中既然存在多头排列，自然也对应存在空头排列。RSI 指标空头排列指的是短期 RSI、中期 RSI 和长期 RSI 自下而上依次排列的一种状态，说明此时市场正处于空头市场中，个股后市继续走弱下跌的可能性较大，场外投资者不要贸然入场，应以场外持币观望为主。

RSI 指标空头排列的技术特征如下。

①RSI 指标空头排列通常出现在下跌行情中。

②RSI 指标中的短期 RSI、中期 RSI 和长期 RSI 指标自下而上依次排列。

③RSI 指标空头排列如果出现在股价下跌初期，投资者要注意及时躲避，但是如果出现在经过一轮大幅下跌行情后的低位区域，则说明行情距离底部不远，投资者可在股价止跌企稳后买进。

实例分析

东软集团（600718）RSI 指标空头排列，市场由强转弱

图 2-9 为东软集团 2021 年 10 月至 2022 年 2 月的 K 线走势。

图 2-9　东软集团 2021 年 10 月至 2022 年 2 月 K 线走势

从东软集团的 K 线走势可以看到，股价从 9.00 元价位线附近的低位处向上攀升，股价震荡上行，涨势稳定，下方的 RSI 指标同步在 50 线上 80 线下的强势区间波动运行。

2022 年 1 月中旬，股价上行至 16.50 元价位线上方创出 16.72 元的新高后，K 线连续收阴下跌，出现见顶信号。此时查看下方的 RSI 指标发现，在股价止涨下跌时，RSI 指标同步拐头下行，且短期 RSI、中期 RSI、长期 RSI 自下而上呈空头排列，说明市场中的多空力量已经发生了转变，由原本的多头市场转入空头市场中，该股的这一轮上涨行情已经结束，后市看空，此时场内还未离场的持股投资者应尽快离场。

图 2-10 为东软集团 2021 年 12 月至 2022 年 5 月 K 线走势。

从东软集团后市的 K 线走势可以看到，当 RSI 指标拐头向下形成空头排列之后，股价不断震荡下行，表现弱势。之后，RSI 指标长时间在 50 线下 20 线上的弱势区域内波动运行。

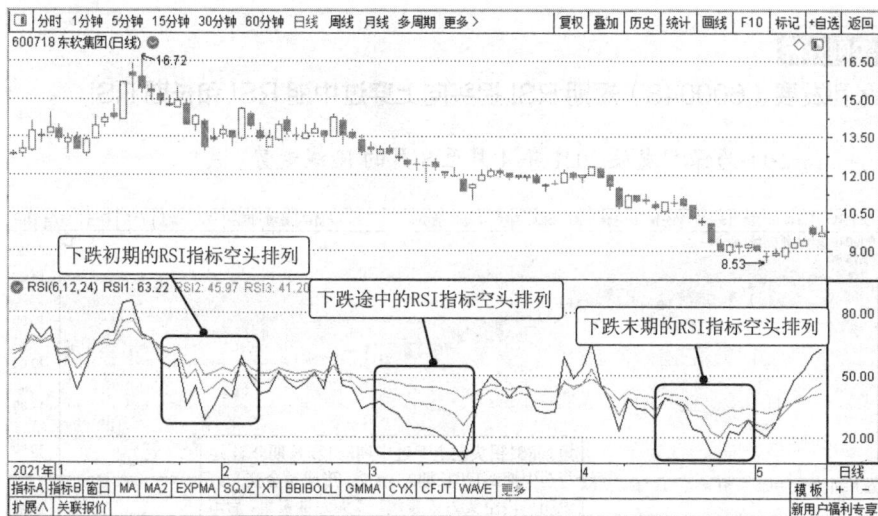

图 2-10　东软集团 2021 年 12 月至 2022 年 5 月的 K 线走势

另外，在这一段下跌走势中，RSI 指标空头排列出现过多次，不仅是在下跌初期，下跌途中及下跌末期都出现过，虽然都表明当前市场仍处于空头市场中，空头力量占据绝对优势引导行情变化。但是，不同位置出现的空头排列代表的市场意义是不同的，下跌途中的空头排列，场内空头仍然强势，后市继续看空。下跌末期的空头排列则说明尽管空头仍然占据优势，但优势已经不明显了，行情距离底部位置不远了。

2.2.3　短期 RSI 向上突破长期 RSI

RSI 指标中的三条曲线在波动运行过程中容易出现交叉情况，这些交叉并非无意义交叉，利用这些交叉投资者可以更为准确地找到买卖信号。当短期 RSI 曲线向上穿过长期 RSI 曲线，形成的交叉称为黄金交叉。

黄金交叉表明空方动能逐步减弱，多方力量逐步增强，股价开始向上拉升，是一个明显的买入信号。同时，RSI 金叉可能出现在任何市场中，对于短线投资者来说，不必拘泥于 RSI 指标金叉出现时所处的位置，低位、中位和高位金叉都存在一定的操作机会。

实例分析
保利发展（600048）短期 RSI 拐头向上穿过中期 RSI 和长期 RSI

图 2-11 为保利发展 2021 年 4 月至 8 月的 K 线走势。

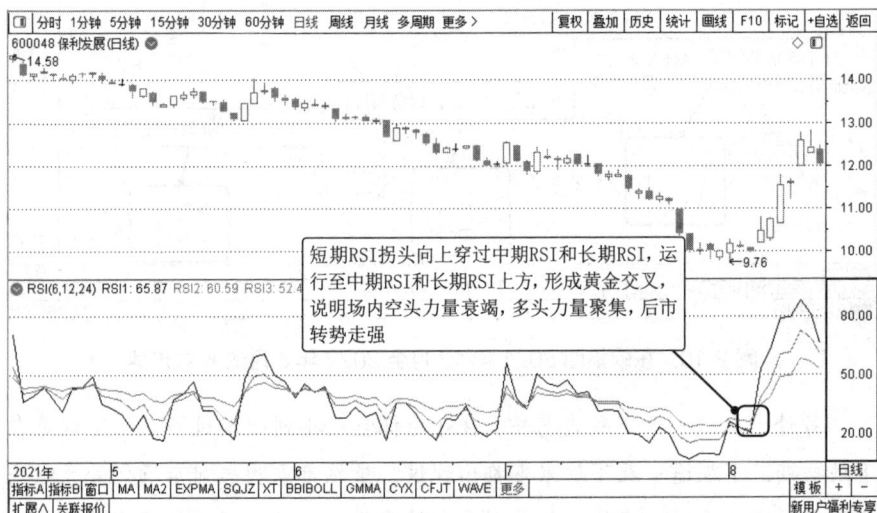

图 2-11　保利发展 2021 年 4 月至 8 月的 K 线走势

从保利发展的 K 线走势可以看到，该股股价处于震荡下行的弱势行情中，下方的 RSI 指标同步在 50 线下 20 线上的弱势区域内波动运行，说明市场中的空头力量强劲占据绝对优势，引领市场。

2021 年 7 月底，股价下行至 10.00 元价位线上后止跌，并在该价位线上横盘整理，行情出现筑底迹象。与此同时，查看下方的 RSI 指标发现，短期 RSI 拐头向上，穿过中期 RSI 和长期 RSI 形成黄金交叉，说明市场中的空头力量经过连续的下跌行情后已被消耗殆尽，而多头力量逐渐聚集，短期内该股即将迎来一波上涨行情，投资者可以在此位置买入跟进，持股待涨。

图 2-12 为保利发展 2021 年 7 月至 2022 年 1 月的 K 线走势。

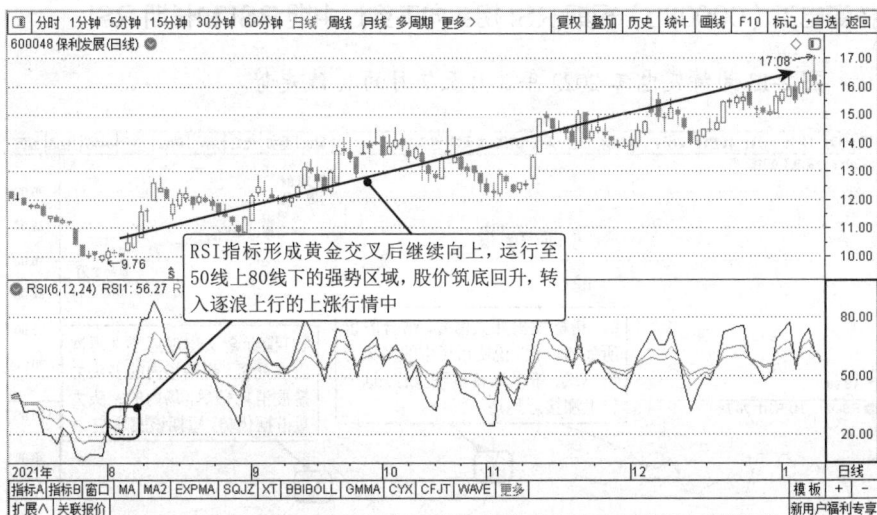

图 2-12　保利发展 2021 年 7 月至 2022 年 1 月的 K 线走势

从保利发展的后市 K 线走势来看，RSI 指标发出金叉信号后，RSI 指标继续向上，短期 RSI、中期 RSI 和长期 RSI 先后穿过 50 线，运行至 50 线上 80 线下的强势区域。而股价也在 10.00 元价位线上筑底回升，转入逐浪上行的拉升行情中。

2.2.4　短期 RSI 向下跌破长期 RSI

当股价经过一段时间的上涨后，短期 RSI 突然拐头向下跌破长期 RSI，形成的交叉就是死亡交叉，表明市场中的多方力量逐步减弱，空头力量逐步增强，市场中的上涨行情接近尾声，后市极有可能见顶，是比较可靠的卖出信号。

市场中的任何位置都可能出现死亡交叉，同样的，对于短线投资者来说，不必拘泥于 RSI 指标死叉出现的位置，一旦 RSI 指标发出死叉信号，无论成交量是否配合放大，均构成卖出信号，投资者就可以根据实际走势情况减仓或清仓。

实例分析

特变电工（600089）短期 RSI 拐头向下穿过中期 RSI 和长期 RSI

图 2-13 为特变电工 2022 年 5 月至 7 月的 K 线走势。

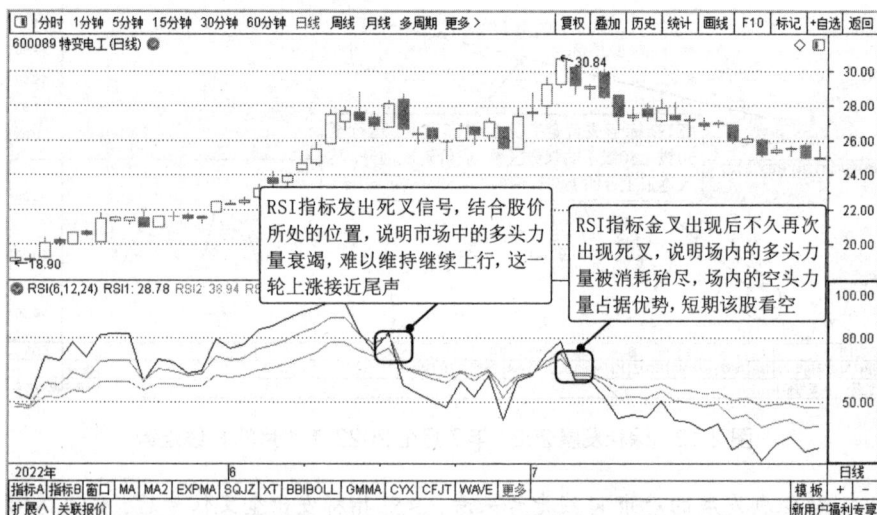

图 2-13 特变电工 2022 年 5 月至 7 月的 K 线走势

根据特变电工的 K 线走势可以看到，2022 年 7 月之前该股股价处于不断向上震荡拉升的强势行情中，下方 RSI 指标也在 50 线上的强势区域内波动运行。

6 月上旬，RSI 指标向上运行突破 80 线，运行至超买区域，后市有较大可能会出现见顶回吐的行情。在超买区域短暂运行后，RSI 指标拐头下行，且短期 RSI 穿过中期 RSI 和长期 RSI 形成死叉，说明市场中的多头力量经过连续的上涨力量衰竭，难以继续维持上行，这一轮上涨接近尾声，后市可能由强转弱，进入空头市场中。场内的投资者需要注意抛售持股，及时离场。此时查看上方股价发现，在 RSI 指标死叉出现时，股价在 28.00 元价位线附近止涨，然后在 26.00 元至 28.00 元进行横盘窄幅波动运行。

RSI 指标死叉出现后，继续在 50 线上 80 线下的强势区域内波动运行，7 月初，RSI 指标甚至发出金叉信号，使得股价向上冲高，表现强势，但仅仅几个交易日便止涨。此时查看下方的 RSI 指标发现，RSI 指标再次拐头向下发出死叉信号，说明股价的这一波上涨是多头力量最后的奋力一击，场内的多头力量已经被消耗殆尽，后市即将转入空头市场，持股投资者要及时离场。

RSI 指标再次发出死叉信号后，继续下行跌破 50 线向弱势区域运行，且短期 RSI、中期 RSI、长期 RSI 自下而上呈空头排列，说明此时市场中的空头力量已经占据绝对优势。

图 2-14 为特变电工 2022 年 7 月至 12 月的 K 线走势。

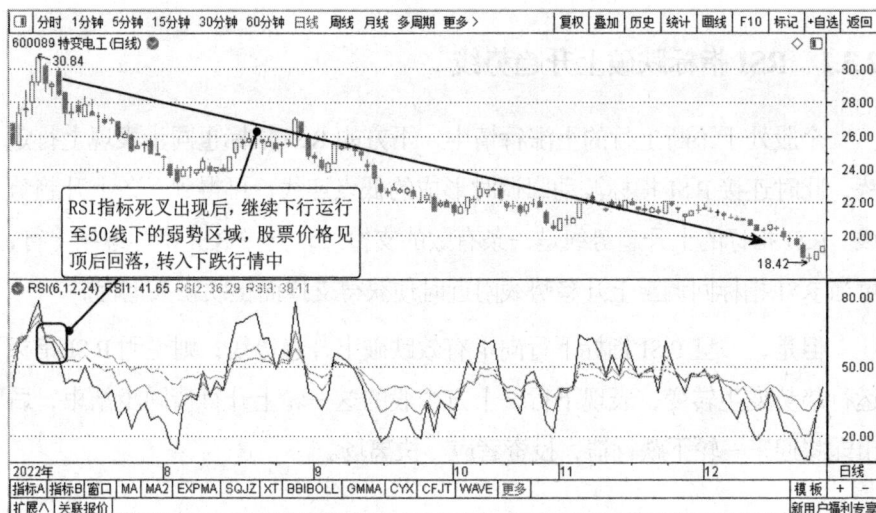

图 2-14　特变电工 2022 年 7 月至 12 月的 K 线走势

从特变电工后市的 K 线走势来看，在股价经过一轮上涨后的高位区域，RSI 指标发出死叉信号后，股价以 30.84 元的价格见顶，随后转入震荡向下的弱势行情中。

下方的 RSI 指标则向下运行至 50 线下的弱势区间，并长期在该区域内波动运行，途中虽然拐头向上突破过 50 线，但很快便被打压，再次拐头向下，运行至 50 线下方。说明场内的空头力量强劲，且长期处于空头市场中。如果前期投资者没有及时离场则将遭受较大的经济损失。

2.3 RSI 指标趋势线分析

股价波动运行分析过程中常常会绘制趋势线以便预测未来股价的变化，在 RSI 指标中将波动过程中产生的波谷或波峰按照 K 线图中绘制趋势线的方法，同样可以得到 RSI 指标的上升趋势线和下跌趋势线。而且，相较于 K 线图，RSI 指标极其敏锐，能够更早发现股价的波动变化，从而抓住买卖时机（为了更清楚地看清 RSI 指标的波动趋势，本节内容将参数调整为只有一根 12 日的中期 RSI）。

2.3.1 RSI 指标跌破上升趋势线

个股处于不断上行的上涨行情中，下方的 RSI 指标也同步表现上行走势，此时连接 RSI 指标波动回调时形成的低点连线，可得到一条上升趋势线。RSI 指标的上升趋势线是一条有效的支撑线，支撑 RSI 指标继续上行，每当 RSI 指标回调至上升趋势线附近时便获得支撑而止跌拐头上行。

但是，一旦 RSI 指标下行向下有效跌破上升趋势线，则说明 RSI 指标运行趋势发生转变，表现下行，上方个股的这一轮上升行情同步结束，后市即将迎来一轮下跌行情，投资者应尽快离场。

实例分析

嘉化能源（600273）RSI 指标拐头下行有效跌破上升趋势线

图 2-15 为嘉化能源 2021 年 4 月至 9 月的 K 线走势。

从嘉化能源的 K 线走势可以看到，该股前期经过一轮下跌行情后于 2021 年 5 月运行至 9.00 元价位线附近的相对低位处，并长期在该价位线附近横盘窄幅波动运行，走势沉闷。

2021 年 6 月下旬，股价开始向上震荡攀升表现上涨行情，此时下方的 RSI 指标也同步向上走出一底比一底高的上行走势，连接波动形成的低点连线，绘制一条 RSI 指标的上升趋势线。发现上升趋势线对 RSI 指标起到明显的支撑作用，RSI 指标多次回落至上升趋势线附近时便获得支撑而止跌回升。

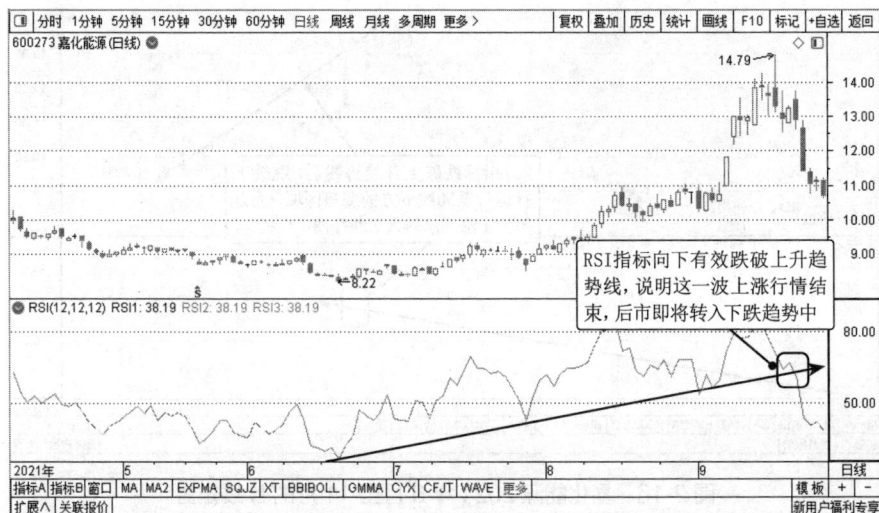

图 2-15　嘉化能源 2021 年 4 月至 9 月的 K 线走势

2021 年 9 月中旬，股价上涨至 14.00 元价位线附近后止涨，并在 13.00 元至 14.00 元进行横盘整理，出现见顶迹象。此时查看下方的 RSI 指标发现，在股价止涨横盘整理的过程中，RSI 指标拐头下行至上升趋势线附近后并未止跌回升，而是继续向下并有效跌破上升趋势线，运行至上升趋势线下方。

RSI 指标下行跌破上升趋势线说明该股这一波上涨行情结束，场内的多空力量发生转变，由多头市场转入空头市场，后市即将迎来一波下跌行情，此时投资者应尽快离场。

图 2-16 为嘉化能源 2021 年 6 月至 11 月的 K 线走势。

从嘉化能源后市的 K 线走势情况可以看到，RSI 指标向下有效跌破上升趋势线后继续下行，并跌破 50 线，运行至 50 线下方的弱势区域。而上方股价也以 14.79 元的价格见顶后回落转入下跌行情中，K 线连续收出下跌阴线，使得股价从相对高位处快速下落，跌势急促。

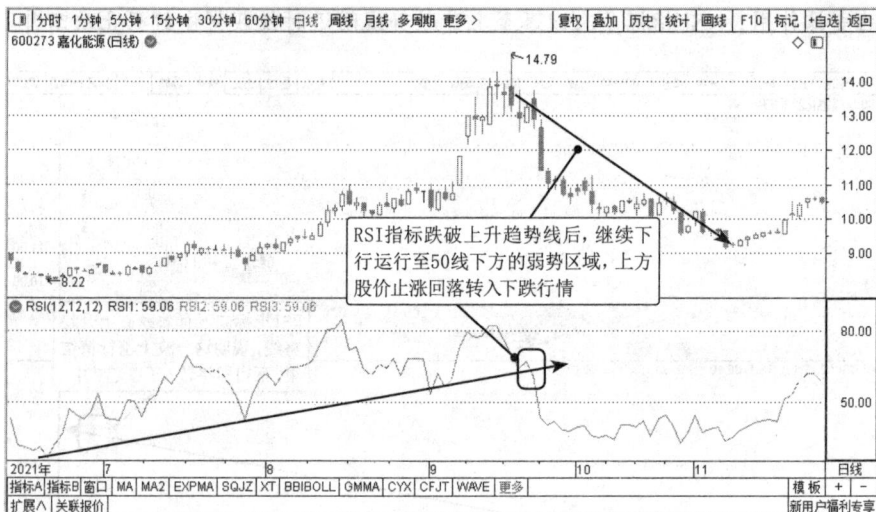

图 2-16　嘉化能源 2021 年 6 月至 11 月的 K 线走势

2.3.2　RSI 指标向上突破下降趋势线

当股价处于下跌行情中时 RSI 指标也同步下行，此时连接 RSI 指标下行过程中反弹回升的高点连线，可以获得一条 RSI 指标的下降趋势线。

RSI 指标下降趋势线是一条强有力的压力线，对 RSI 指标的反弹起到阻碍作用。但是，一旦 RSI 指标反弹回升，向上有效突破下降趋势线的压制，运行至下降趋势线上方并继续上行，则说明 RSI 指标原本的下降趋势发生转变，场内的多空力量发生转变，由原本的空头市场转入多头市场，预示个股这一轮下跌行情结束，后市即将开启一轮上涨行情，是短线投资者的买入信号。

实例分析

京基智农（000048）RSI 指标向上突破下降趋势线

图 2-17 为京基智农 2022 年 7 月至 11 月的 K 线走势。

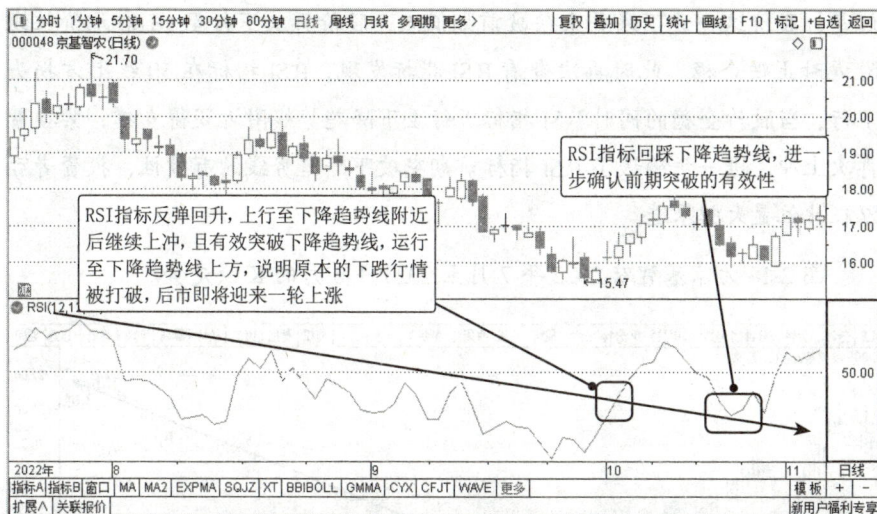

图 2-17　京基智农 2022 年 7 月至 11 月的 K 线走势

从京基智农的 K 线走势情况可以看到，该股处于弱势行情之中，走出一浪比一浪低的下跌走势，下方的 RSI 指标也从 50 线上方逐浪下跌，运行至 50 线下方的弱势区域。

连接 RSI 指标波动下行时反弹回升的高点，绘制一条 RSI 指标的下降趋势线。根据 RSI 指标的走势可以看到，下降趋势线对 RSI 指标起到压制作用，RSI 指标多次反弹回升至下降趋势线附近时均受到压制止涨而再次回落，说明场内的空头力量强劲。

2022 年 9 月底到 10 月初，股价下行至 16.00 元价位线附近后止跌企稳，并在该价位线上横盘整理，行情出现筑底迹象。此时查看下方的 RSI 指标发现，RSI 指标再次拐头上行，当运行至下降趋势线附近时并未受阻，而是继续向上并有效突破下降趋势线的压制，运行至下降趋势线上方。说明随着前期股价的不断下跌，场内的空头力量被消耗，而多头力量却逐渐聚集并掌握市场，该股这一轮下跌行情结束，后市即将展开一轮上涨行情，是短线投资者的买入信号。

随后 K 线连续收出阳线向上拉升股价，但是这一波上涨并未持续较长时间，仅仅几个交易日后股价便在 18.00 元价位线附近时止涨，再次回落。

但是，股价这一波下跌并未跌破前期低点，股价再次下行至 16.00 元价位线附近时止跌企稳。此时再次查看 RSI 指标发现，RSI 指标在 50 线上方拐头下行，当股价企稳的同时 RSI 指标下行至下降趋势线附近获得支撑，紧接着再次上冲，进一步确认了 RSI 指标前期突破下降趋势线的有效性，投资者可以在此位置大胆跟进。

图 2-18 为京基智农 2022 年 7 月至 2023 年 3 月的 K 线走势。

图 2-18　京基智农 2022 年 7 月至 2023 年 3 月的 K 线走势

根据京基智农后市的 K 线走势情况可以看到，当 RSI 指标回踩下降趋势线获得支撑后，股价也止跌继续前期的拉升走势，股价不断向上攀升，走出一波涨幅较大的上涨行情。

2.3.3　RSI 指标突破 / 跌破水平趋势线

除了上升趋势线和下降趋势线之外，RSI 指标中还有水平趋势线。当股价在某一价格区间横向窄幅波动运行，市场中多空双方的力量达到平衡，没有明显的强弱之分，个股未来走势不明时，下方的 RSI 指标也会围绕 50 线横向水平波动，且上升高点和下降低点大致处于同一水平线上，分别连接波动高点和低点连线，可以得到两条水平趋势线。

RSI 指标便在上下水平趋势线范围内波动运行，上水平趋势线对 RSI 指标起到阻碍作用，每当指标线反弹回升至上水平趋势线附近时便遇阻回落；下水平趋势线对 RSI 指标起到支撑作用，每当指标线回落至下水平趋势线附近时便获得支撑而止跌回升，如此反复震荡横向运行。

但是，这种平衡的状态不会持续太长时间，一旦被打破就是投资者的操作机会，此时存在两种情况。

①当 RSI 指标上行突破上水平趋势线并继续向上，说明在此次多空博弈中多头力量占据优势，后市即将转入多头市场，个股短期内将迎来一波上涨行情，投资者可以买入跟进。

实例分析

美达股份（000782）RSI 指标向上突破上水平趋势线

图 2-19 为美达股份 2021 年 2 月至 7 月的 K 线走势。

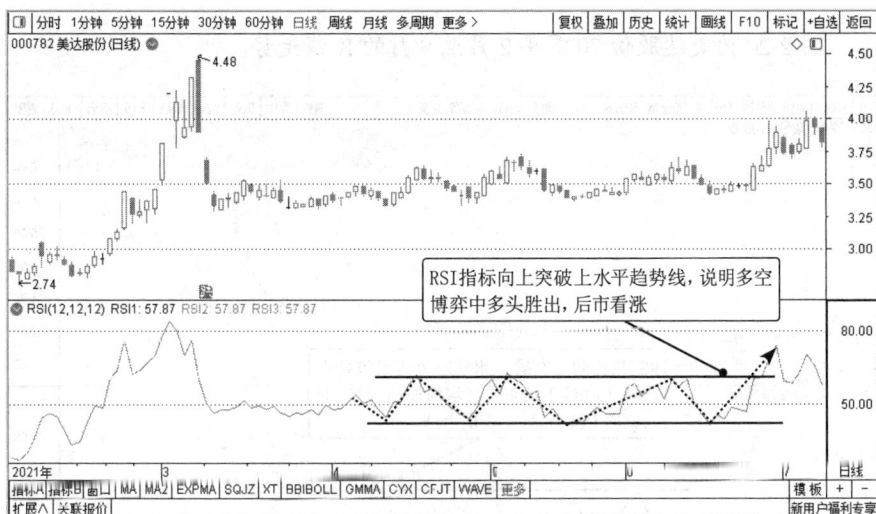

图 2-19　美达股份 2021 年 2 月至 7 月的 K 线走势

从美达股份的 K 线走势可以看到，2021 年 2 月中旬，股价从 3.00 元下方的低位开始向上攀升。2021 年 3 月，股价上涨至 4.50 元价位线附近，创出 4.48 元的新高后止涨回落，股价快速下跌至 3.30 元价位线附近后止跌，随后该股长时间围绕 3.50 元价位线窄幅横盘波动运行。

此时查看下方的 RSI 指标发现，在股价快速回落时，RSI 指标从 80 线上方的超买区域拐头向下，当股价横盘窄幅波动运行的过程中，RSI 指标也跌至 50 线附近后止跌，之后围绕 50 线上下波动横向运行。

仔细查看发现 RSI 指标波动时的高点和低点大致处于同一水平位置上，分别连接 RSI 指标横向波动时候的高点和低点连线，可绘制出对应的水平趋势线，RSI 指标则在水平趋势线形成的通道内波动。由此说明市场中的多空力量正处于一种平衡状态，没有明显的优劣势之分，未来走势不明。

2021 年 6 月下旬，RSI 指标又一次触及下水平趋势线后拐头上行，当其运行至上水平趋势线附近后并未遇阻回落，而是继续冲高，且向上有效突破上水平趋势线，说明原本的多空平衡状态被打破，市场中的多头力量强劲，向上发起冲击，预示短期内该股将结束横盘整理走势，迎来一波上涨行情，此时为投资者买入的信号。

图 2-20 为美达股份 2021 年 2 月至 9 月的 K 线走势。

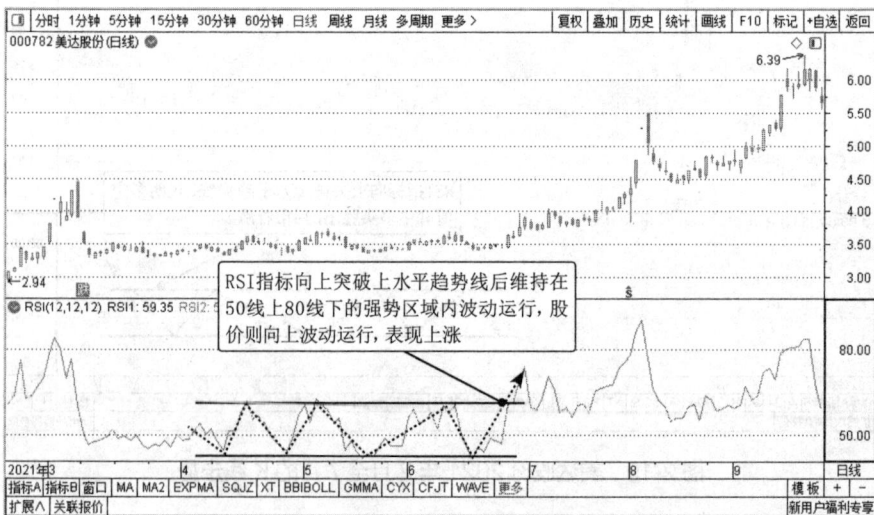

图 2-20 美达股份 2021 年 2 月至 9 月的 K 线走势

从美达股份后市的 K 线走势可以看到，RSI 指标向上突破上水平趋势线后维持在 50 线上 80 线下的强势区域内波动运行，说明市场处于多头市场中，而上方股价也向上发起冲击，脱离 3.50 元价位线，不断向上震荡攀升，势头猛烈。

②当 RSI 指标跌破下水平趋势线并继续向下，说明在此次多空博弈中空头力量胜出，后市即将转入空头市场，个股可能迎来一波下跌走势，投资者应以场外持币观望为主。

实例分析

金发科技（600143）RSI 指标向下跌破下水平趋势线

图 2-21 为金发科技 2021 年 2 月至 9 月的 K 线走势。

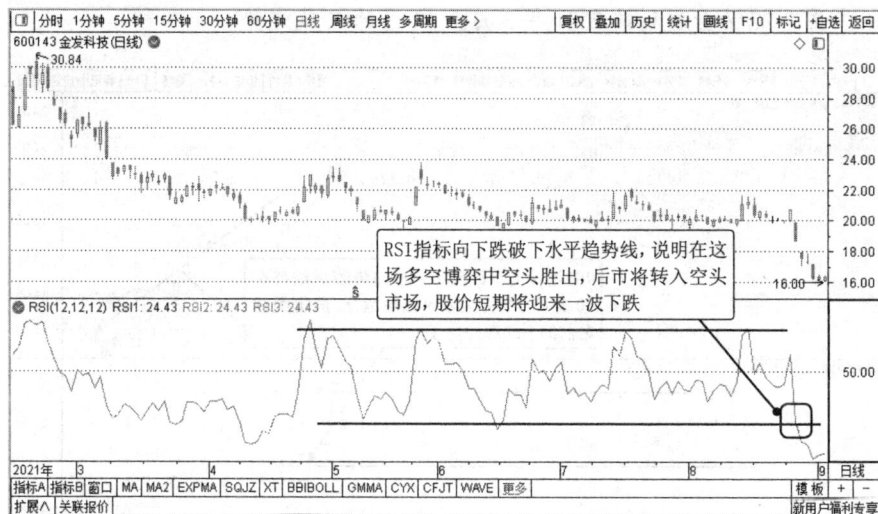

图 2-21　金发科技 2021 年 2 月至 9 月的 K 线走势

从金发科技的 K 线走势可以看到，该股股价处于逐浪下行的弱势行情中，下方的 RSI 指标同步下行，并从 50 线上的强势区域向下运行至 50 线下的弱势趋势，说明市场处于空头市场中。

2021 年 4 月上旬，股价下行至 20.00 元价位线附近后止跌，随后股价在 20.00 元价位线上横向波动运行，且波动幅度越来越小，但始终并未跌破

20.00 元价位线。

此时查看下方的 RSI 指标发现，在股价止跌时，RSI 指标拐头向上突破 50 线，随着股价进入横向震荡走势后 RSI 指标也围绕着 50 线上下波动横向运行，且横向波动时的高点和低点大致处于同一水平位置，分别连接高点和低点连线，绘制 RSI 指标水平趋势线，RSI 指标则在水平趋势线形成的通道内波动运行。说明此时市场中的多空双方力量达成一种平衡状态，没有明显的优劣势之分，后市股价走向不明。

2021 年 8 月下旬，RSI 指标在又一次触及上水平线遇阻后回落，随着股价的强势下跌，RSI 指标直接跌破下水平趋势线后继续下行，说明在这场多空博弈中空头胜出，后市将转入空头市场，此时该股即将迎来一波新的下跌走势。

图 2-22 为金发科技 2021 年 3 月至 11 月的 K 线走势。

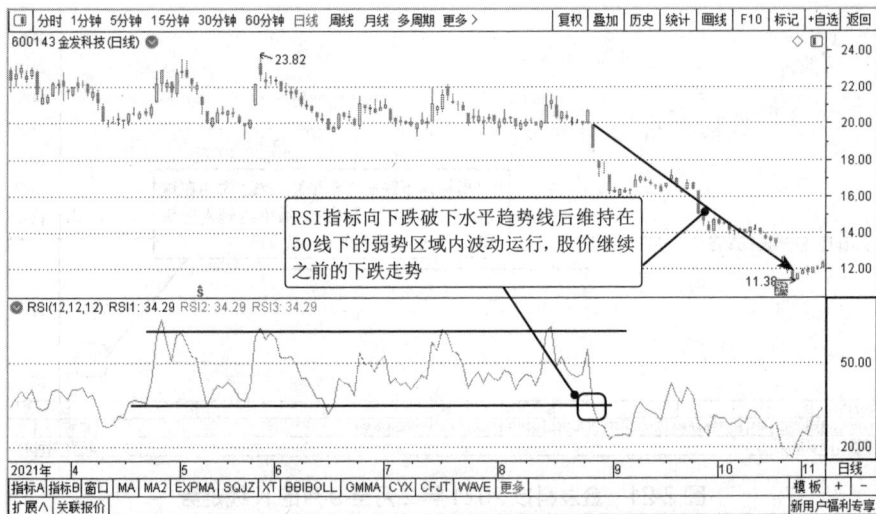

图 2-22　金发科技 2021 年 3 月至 11 月的 K 线走势

从金发科技后市的 K 线走势来看，RSI 指标下行有效跌破下水平趋势线后继续向下，随后维持在 50 线下的弱势区域中波动运行，说明此时处于空头市场中。上方 K 线也在连续收出下跌阴线后跌破 20.00 元价位线并继续下行，使得股价快速下挫，跌势急促，跌幅极大。

2.3.4 多头市场中的 RSI 上档压力线

个股处于上升行情之中，股价波动上涨，当股价上涨至某一位置后止涨出现回档，此时下方的 RSI 指标随着股价的回落而同步下行，形成一波比一波低的波峰，当三个波峰位于同一直线上，且由左上向右下倾斜形成下降趋势线，即为 RSI 的上档压力线。

简单来说，上档压力线由三点（三个 RSI 值）组成，最右边的 RSI 值（最下面的 RSI）是最小值，其对后市的压力最轻，紧接着是中间的 RSI 值，最难突破的是最左边的 RSI 值，其值最大，也是最大压力线。

RSI 上档压力线除了能够规避风险之外，还能为投资者提供买入机会。如果 RSI 上行突破上档压力线的最大值，则说明涨势未变，股价回调结束，后市继续看涨，图 2-23 为在多头市场中 RSI 上档压力线的应用。但是，如果 RSI 无法向上突破压力线的最大值，则说明多头力量较弱，市场中的空头力量仍然强劲，难以突破，后市股价还会继续下挫一段时间。

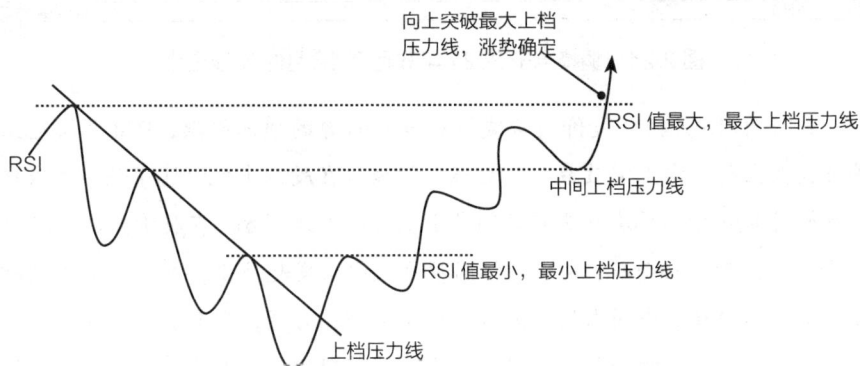

图 2-23 在多头市场中 RSI 上档压力线的应用

实例分析

铜峰电子（600237）RSI 指标向上突破最大上档压力线

图 2-24 为铜峰电子 2021 年 6 月至 12 月的 K 线走势。

从铜峰电子的 K 线走势可以看到，股价从相对低位处开始向上震荡拉升，在 2021 年 8 月上旬，股价上涨至 7.50 元价位线附近后止涨回落。

随着股价的下行，下方的 RSI 指标同步拐头向下，连接 RSI 指标波动下行时的波峰高点连线，绘制上档压力线，并得到最小上档压力线、中间上档压力线和最大上档压力线。

图 2-24　铜峰电子 2021 年 6 月至 12 月的 K 线走势

2021 年 10 月初，股价跌势减缓后进入短暂的横向整理，RSI 指标也止跌并拐头上行，向上突破最小压力线，但很快在股价出现快速下跌，打破整理平衡时 RSI 指标再次拐头回落到最小上档压力线下方。在股价创出 5.18 元的阶段新低后止跌企稳，RSI 指标同步再次向上发起冲击，并依次向上突破最小上档压力线、中间上档压力线和最大上档压力线，当 RSI 向上突破最大上档压力线时，说明场内多方动能十足，涨势确定，该股即将再次向上表现上涨行情，投资者可以在此位置跟进。

图 2-25 为铜峰电子 2021 年 7 月至 2022 年 1 月的 K 线走势。

从铜峰电子后市的 K 线走势可以看到，RSI 指标拐头上行并向上有效突破最大上档压力线后，上方 K 线收出上涨大阳线，开始向上拉升股价，该股继续表现之前的拉升行情。与此同时，下方的 RSI 指标则在突破最大压力线后维持在 50 线上的强势区域内波动运行，说明此时正处于多头市场中。如果前期投资者能够在 RSI 指标向上突破最大上档压力线时积极跟进，则可以获得不错的投资收益。

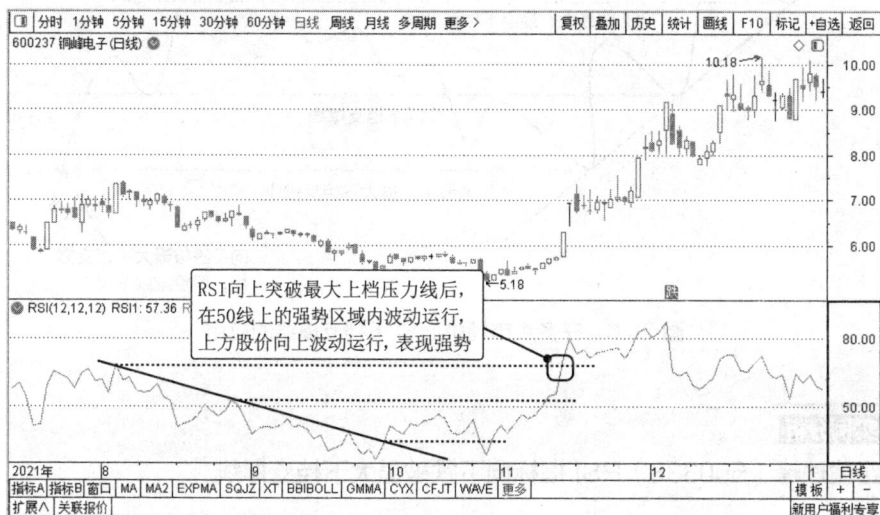

图 2-25　铜峰电子 2021 年 7 月至 2022 年 1 月的 K 线走势

2.3.5　多头市场中的 RSI 下档支撑线

在前面的内容中介绍过，在多头市场中股价回档时，连接下方 RSI 指标波动下行时的高点连线为上档压力线，此时如果连接 RSI 指标波动下行时的低点连线就是下档支撑线，线行方向由左上至右下。

下档支撑线与上档压力线一样，都是由三个 RSI 值所决定的，其中最右边也就是最底下的 RSI 值，是支撑线的最后一道防线，支撑作用最大，一般难以跌破。

如果 RSI 指标下行触及下档支撑线并立即反弹，则股价会继续上涨一段时间，此时可以提醒投资者利用反弹离场。但是，如果 RSI 指标下行跌破最大下档支撑线，说明股价将继续下行，后市继续看空。图 2-26 为在多头市场中 RSI 下档支撑线的应用。

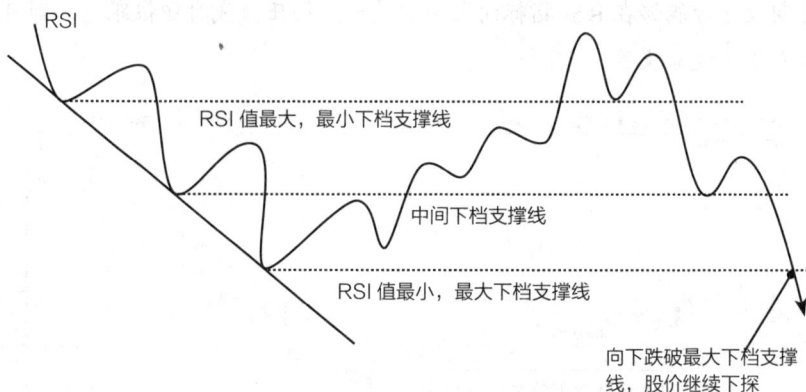

图 2-26　在多头市场中 RSI 下档支撑线的应用

实例分析

西藏珠峰（600338）RSI 指标向下跌破最大下档支撑线

图 2-27 为西藏珠峰 2021 年 4 月至 10 月的 K 线走势。

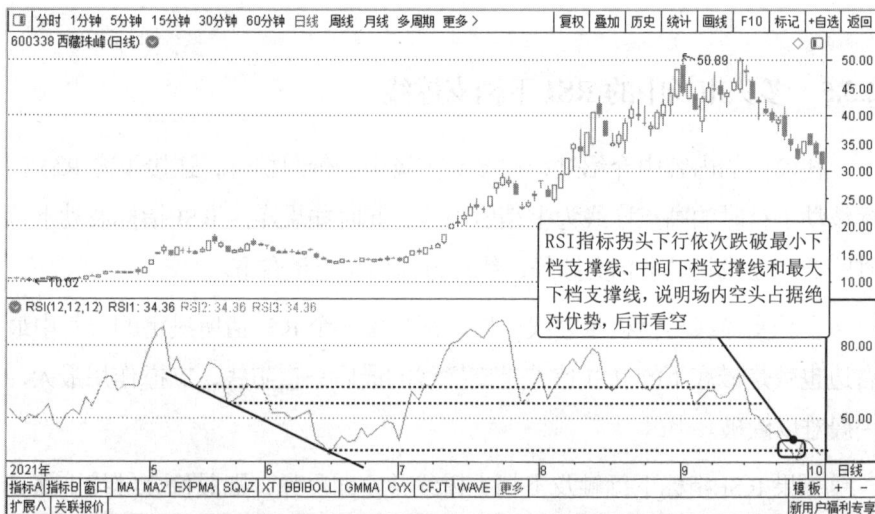

图 2-27　西藏珠峰 2021 年 4 月至 10 月的 K 线走势

从西藏珠峰的 K 线走势可以看到，2021 年 5 月上旬，股价上涨至 18.00 元价位线附近后止涨回调，下方的 RSI 指标随着股价的回落同步波动下行。连接 RSI 指标波动下行时的波谷低点，绘制 RSI 指标的下档支撑线。

2021 年 6 月中旬，股价下行至 13.00 元价位线附近时止跌企稳，横盘整理一段时间后继续向上攀升，表现之前的上涨行情。RSI 指标也同步拐头向上，并一度上冲至 80 线上方的超买区。

RSI 下档支撑线对 RSI 指标具有支撑作用，股价在波动上行的过程中多次止涨回调，RSI 指标同步止涨回落，但运行至支撑线附近时均受到支撑而止跌拐头向上。

2021 年 9 月初，股价上涨至 50.00 元价位线附近后止涨，并在 45.00 元价位线上横盘整理运行，十几个交易日后开始拐头下行。此时查看下方的 RSI 指标发现，RSI 指标同步下行，并依次跌破最小下档支撑线、中间下档支撑线和最大下档支撑线。

当 RSI 指标下行跌破最大下档支撑线时，说明个股的下跌趋势已经确定，后市该股继续下跌的可能性非常大，此时还未离场的投资者就不要再坚持了，应尽快离场。

图 2-28 为西藏珠峰 2021 年 7 月至 2022 年 5 月的 K 线走势。

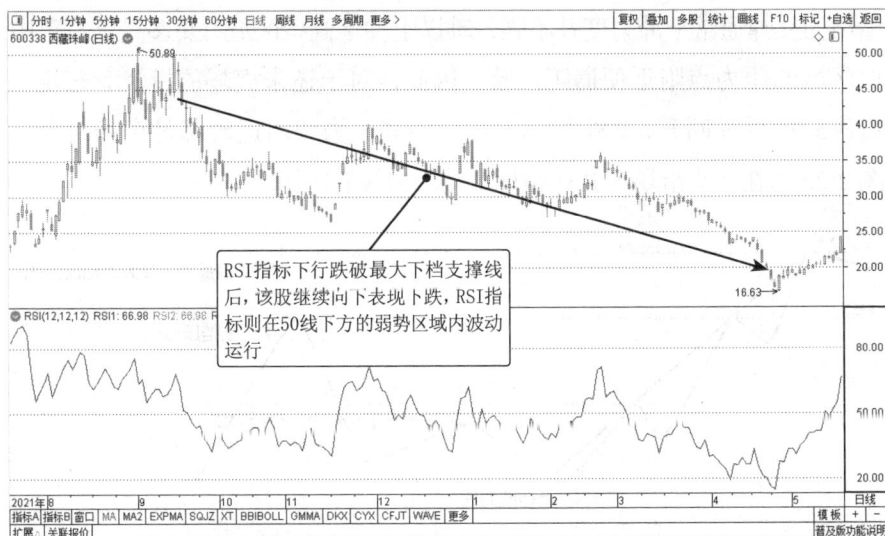

图 2-28　西藏珠峰 2021 年 8 月至 2022 年 5 月 K 线走势

从西藏珠峰后市的 K 线走势可以看到，RSI 指标在跌破最大下档支撑线后基本上保持在 50 线下方的弱势区域内波动运行，市场处于极度弱势之中，股价也走出一波深幅下跌行情。

2.3.6 空头市场的 RSI 上档压力线

在个股下跌的初期，虽然股价下跌幅度并不深，但是下方的 RSI 值却存在较大落差，走出一波比一波低的下跌走势，将三次波动下行的波峰高点连接起来，可以得到空头市场中的 RSI 上档压力线。

空头市场 RSI 上档压力线由三个点组成，且三个压力点通常分布在 70 线上的高位区、50 线附近和 50 线下方的低位区，其中最右边的 RSI 值（最下面的 RSI）是最小值，对后市的压力最轻，紧接着是中间的 RSI 值，最难突破的是最左边的 RSI 值。随后股价继续下行，表现弱势行情，RSI 指标也在 50 线下方的弱势区域内波动运行，市场处于空头市场中。

股价在下跌过程中可能出现反弹回升行情，RSI 指标也同步拐头上行，但运行至压力点附近时往往受到压制而止涨拐头继续下行。因为下跌途中的反弹通常上冲力度并不强，难以上冲至高位区域，更多是上行至中位区域的压力点附近便遇阻回落。因此，对于还未离场的投资者来说，每次股价反弹回升，RSI 指标上行至中间压力线附近时都是离场机会。图 2-29 为在空头市场中 RSI 指标上档压力线的应用。

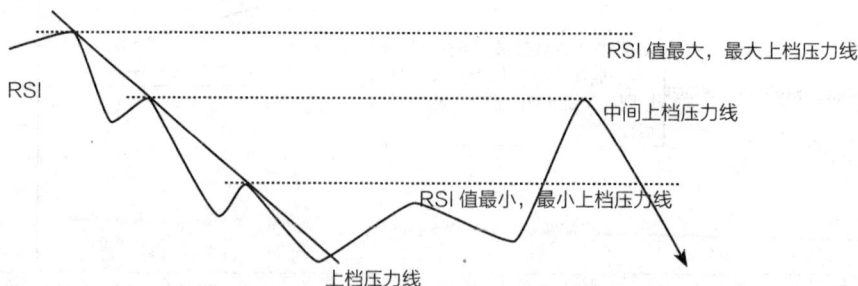

图 2-29　在空头市场中 RSI 上档压力线的应用

实例分析

中文传媒（600373）RSI 反弹回升至中间上档压力线附近遇阻回落

图 2-30 为中文传媒 2021 年 12 月至 2022 年 9 月的 K 线走势。

图 2-30　中文传媒 2021 年 12 月至 2022 年 9 月的 K 线走势

从中文传媒的 K 线走势可以看到，前期该股经过一番拉升行情后上涨至 14.00 元价位线上方，创出 14.19 元的新高后见顶回落，转入下跌中。

与此同时，RSI 指标同步拐头向下，走出一波比一波低的下行走势，连接波动下行时的波峰连线，绘制空头市场中的上档压力线。压力线中的三个 RSI 值对 RSI 指标上行起到压力作用。

2022 年 3 月中旬，股价下行至 10.00 元价位线附近后止跌回升，向上反弹，下方的 RSI 指标同步拐头向上，向上突破最小上档压力线后继续上行，但运行至中间上档压力线附近后便止涨拐头下行，说明这一波反弹行情结束，后市继续看空。

同样的走势在 2022 年 5 月也出现过一次，RSI 指标也拐头向上突破了最小上档压力线，但运行至中间上档压力线附近便止涨回落，上方股价的反弹行情也同步结束，继续表现下跌。

2022 年 8 月初，经过一番下跌之后该股运行至 9.00 元价位线上止跌，随后开始小幅回升，此时下方的 RSI 指标同步拐头向上，不仅突破了最小上档压力线，还一度突破中间上档压力线，那是不是可以跟进买入了呢?

对于这一问题，投资者要知道，在上档压力线中压力最大的是最上方的 RSI 值，它是确认上涨趋势形成的关键，所以，只要 RSI 指标没有向上突破最大上档压力线，就不能轻易判断上涨行情形成。

2.3.7 空头市场的 RSI 下档支撑线

空头市场中的 RSI 下档支撑线是指在个股下跌初期，RSI 指标拐头下行走出一底比一底低的下跌走势，连接下跌时的波谷低点形成的连线即为 RSI 指标的下档支撑线。

RSI 下档支撑线对 RSI 有支撑作用，当 RSI 下行至下档支撑线附近时获得支撑而止跌回升，股价同步上行，对短线投资者而言，RSI 下档支撑线是下跌趋势中抢反弹的机会。

在三个 RSI 值中，最右边的 RSI 值最小，但支撑力最大，其次是中间的 RSI 值，最左边 RSI 值最大，但支撑力最小，所以，当 RSI 到达最大下档支撑线时，正是空头市场反弹的时机。图 2-31 为在空头市场中 RSI 下档支撑线的应用。

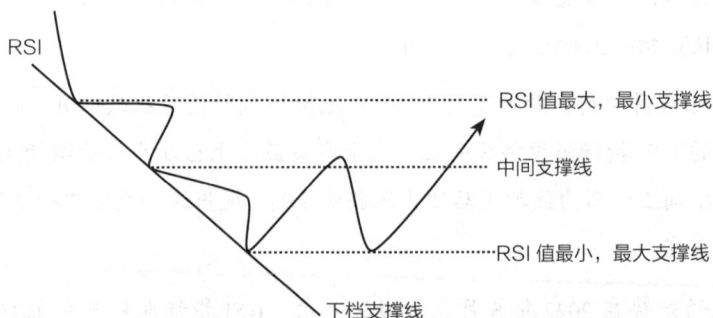

图 2-31 在空头市场中 RSI 下档支撑线的应用

实例分析

悦达投资（600805）RSI 下行至最大下档支撑线附近止跌企稳

图 2-32 为悦达投资 2022 年 8 月至 2023 年 4 月的 K 线走势。

图 2-32　悦达投资 2022 年 8 月至 2023 年 4 月的 K 线走势

从悦达投资的 K 线走势可以看到，经过一番拉升之后，股价运行至 5.40 元上方的相对高位处，随后止涨回落，转入下跌行情中。此时下方的 RSI 指标同步拐头下行走出一底比一底低的下跌走势，连接下跌时的波谷低点绘制下档支撑线。

2022 年 9 月底，RSI 指标在最大下档支撑线附近获得支撑止跌企稳，随后拐头上冲，并穿过 50 线，运行至强势区域，上方股价也同步止跌回升，发起一波反弹情。

2022 年 12 月下旬，RSI 指标再次下行至最大下档支撑线附近止跌，随后拐头上行，说明市场中的多头力量再次向上发起冲击，上方股价再次迎来一波上涨。

此外，2023 年 3 月底，RSI 指标又一次下行至最大下档支撑线附近止跌，随后拐头上行，上方股价止跌，向上小幅拉升。

　　结合上述，通过 RSI 指标的多次走势表现可以看到，空头市场中的 RSI 下档支撑线确实对 RSI 指标具有支撑作用，且借助这一指标信号能够帮助投资者更准确地找到个股下跌趋势中的反弹机会。

　　但是，下跌趋势中抢反弹的风险较大，对于超短线投资者而言具有操作意义，但对于大部分的一般投资者而言，多数情况下股价的反弹力度并不大，所以操作意义也不大。

第3章

DMI：抓住行情短期变化趋势

　　DMI指标属于趋势判断指标，它是通过分析股价在涨跌过程中供需关系均衡点的变化情况，即供需关系受价格变动影响而发生由均衡到失衡的循环过程，从而提供对趋势判断依据的一种技术指标，在实战中应用比较频繁。

3.1 初识 DMI 技术指标

对于 DMI 指标，很多人的印象还停留在冷门、偏、不好理解中，其实，DMI 指标表面上看起来比较复杂，很多新手投资者不愿意学习，但是很多资深的投资者却将其视为技术分析的重要工具。接下来就来见识一下 DMI 指标的魅力。

3.1.1 DMI 指标中的四条曲线

打开 DMI 指标可以看到，DMI 指标由四条曲线组合而成，分别是 PDI、MDI、ADX 和 ADXR，具体内容如图 3-1 所示。在部分炒股软件中会将 PDI 和 MDI 记为 DI1 和 DI2，也有其他软件将其写成 +DI 和 −DI，但这些都只是不同软件上的不同名称，其计算方法都是一样的，并不影响指标应用。

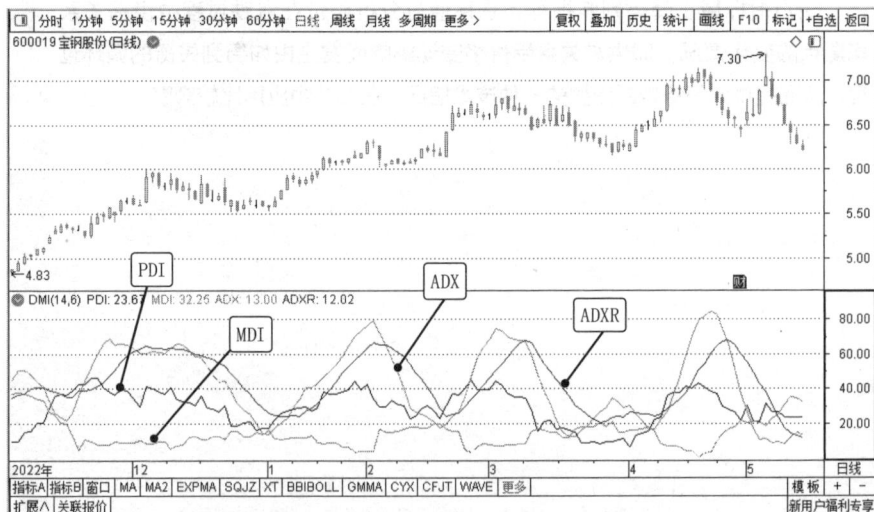

图 3-1 DMI 指标

一般来说，大部分的技术指标走势会与 K 线同步，即 K 线上行指标上行，K 线下行指标下行，但在 DMI 指标中却不是，乍看 DMI 指标中四条曲线的走势，会觉得很凌乱，没有规律，甚至和 K 线走势存在较大的出入，但只要明白了每条曲线代表的意义之后，就能快速了解当前的行情了。

（1）PDI 曲线

PDI 表示行情的上升动向，若当日的最高价高于昨日的最高价，且两日最高价之间的距离大于两日最低价之间的距离，即股价向上波动的力度高于向下波动的力度，代表股价的上涨力度，从 PDI 曲线可以看出市场中多头力量的强弱。

（2）MDI 曲线

MDI 与 PDI 相反，它表示行情的下跌动向，若当日的最低价低于昨日的最低价，并且两日最低价之间的距离大于两日最高价之间的距离，即行情向下波动的力度高于向上波动的力度，代表了股价的下跌力度，从 MDI 曲线可以看出市场中空头力量的强弱。

（3）ADX 曲线

ADX 曲线中文名称为趋向平均线，它是趋势衡量指标。ADX 曲线由 PDI 和 MDI 得来，是利用多空趋势变化之差与总和判定价格变动的平均趋势，ADX 数值不能显示趋势的方向。但是如果趋势存在，ADX 可以衡量趋势的强度。

换句话说，当前市场为多头市场时，ADX 越向上移动，说明多头越强于空头，多头市场的延续性越强；反之，当市场处于空头市场时，ADX 越向上移动，说明空头越强于多头，空头市场的延续性越强。

（4）ADXR 曲线

ADXR 曲线中文名称为趋向评估线，它由 ADX 曲线得到，可以将其理解为 ADX 曲线走势的确认，这样一来，可以帮助投资者更好地把握行情。

总的来看，DMI 指标中的四条曲线可以划分为两组，PDI 曲线和 MDI 曲线为一组，表示当前市场多空力量的变化情况；ADX 曲线和 ADXR 曲线为一组，表示市场沿着方向运行的速度情况。

3.1.2 DMI 指标的计算过程

DMI 指标的计算主要指 DMI 指标中各条曲线是如何得来的，它主要涉及 DM、TR、DX 几个指标，以及 PDI、MDI、ADX 和 ADXR 四个研判指标的运算。这里只做简单地了解。

DMI 指标运算的基本程序具体包括以下几点。

①根据一定的规则比较每日股价波动变化产生的最高价、最低价和收盘价，然后计算出每日股价波动的真实波动幅度（TR）、上升动向值（PDI）、下降动向值（MDI），并在运算基准日基础上按照一定的天数将其累加，最终得到 N 日的 TR、PDI 和 MDI。

②将 N 日内的上升动向值（PDI）和下降动向值（MDI）分别除以 N 日内的真实波幅值（TR），从而求出 N 日内的上升指标 PDI 和下降指标 MDI。

③通过 N 内的上升指标（PDI）和下降指标（MDI）之间的差和之比，计算出每日的动向值 DX。

④按一定的天数将 DX 累加后平均，求得 N 日内的平均动向值 ADX。

⑤最后通过当日的 ADX 与前面某一日的 ADX 相比较，计算出 ADX 的评估数值 ADXR。

DMI 指标具体的计算过程演示如下。

（1）计算当日动向值（DM）

当日动向值包括三种情况，即上升动向、下降动向和无动向。

①上升动向（+DM），表示正趋向变动值，其数值等于当日的最高价减去前一日的最高价，如果差值结果小于等于 0，则 +DM=0。

②下降动向（-DM），表示负趋向变动值，其数值等于前一日的最低价减去当日的最低价，如果差值结果小于等于 0，则 -DM=0（-DM 并不是负数）。

③比较 +DM 和 -DM，较大的那个数字保持，较小的数字归 0。

④无动向，表示当日动向值为 0 的情况，即当日的 +DM 和- DM 同时等于 0。在股价波动中有两种情况可能出现无动向，即一种是当日的最高价低于前一日的最高价，并且当日的最低价高于前一日的最低价；另一种是上升动向值正好等于下降动向值。

（2）计算真实波幅（TR）

TR 代表真实波幅，是当日价格较前一日价格的最大变动值，用于测量价格的波动性。计算方法有如下三类，取三者中的最大值。

①当日最高价与当日最低价之间的差值。

②当日最高价与前一日收盘价之间的差值。

③当日最低价与前一日收盘价之间的差值。

（3）计算方向线（DI）

方向线 DI 是用以衡量股价上涨或下跌的指标，即上升指标（PDI）和下降指标（MDI），具体计算方法如下。

PDI=（+DM÷TR）×100

MDI=（-DM÷TR）×100

需要注意，上升方向线或下跌方向线的数值永远处于 0 ～ 100。

（4）计算动向平均数 ADX

根据上述计算的 DI 值可以进一步得到 DX 值，即将 PDI 和 MDI 差的绝对值除以两者总和的百分比得到动向指数 DX，计算公式如下。

DX=（PDI-MDI）÷（PDI+MDI）×100

而 ADX 就是 DX 的一定周期 N 的移动平均值，计算公式如下。

ADX=DX的 N 日移动平均值

（5）计算评估数值 ADXR

ADXR 指标是在 ADX 值基础上得到的，能够帮助投资者研判行情，但是有的炒股软件中默认情况下 DMI 指标中没有 ADXR，需要单独添加。ADXR 的计算公式如下。

ADXR=（当日 ADX+ 前一日 ADX）÷2

从 DMI 指标的计算过程可以看到，DMI 指标运算过程非常复杂，计算量也比较大，但是对于投资者来说只需要做基础了解，知道 DMI 指标中的这些曲线是如何得来的即可，在实际运用中并不需要投资者亲自计算。

3.2　DMI 指标研判行情趋势技法

DMI 指标主要是对市场中买卖双方力量的变化进行分析，进而帮助投资者对当前的市场趋势进行判断，这是 DMI 指标的基础运用，也是主要应用，每一位投资者都应当掌握 DMI 指标研判行情趋势的方法。

3.2.1　PDI 线从下向上突破 MDI 线

个股处于上升趋势之中，当 DMI 指标中的 PDI 线从下向上突破 MDI 线，说明市场中有许多新的买方入场，多方力量不断聚集，表明市场正处于多头行情中，为投资者的买入信号。当 PDI 线向上突破 MDI 线后，继续在 MDI 线上方运行，说明股价上升行情继续，是一种继续持股的信号。

实例分析

中远海能（600026）PDI 线自下而上穿过 MDI 线

图 3-2 为中远海能 2022 年 1 月至 9 月的 K 线走势。

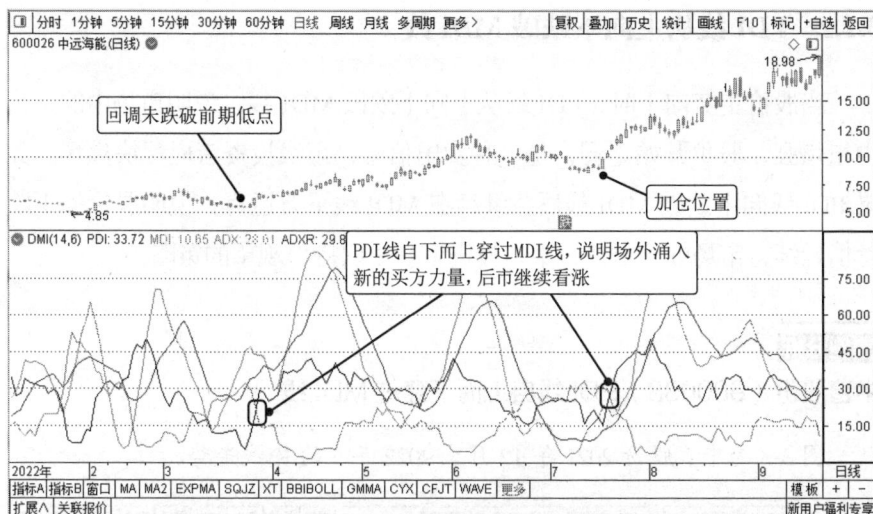

图3-2 中远海能 2022 年 1 月至 9 月的 K 线走势

从中远海能的 K 线走势情况可以看到，该股在 2022 年 1 月下旬创出 4.85 元的低价后止跌，之后股价开始向上小幅拉升，表现上涨行情，说明场内有资金入场，向上拉升股价，该股将进入新一轮上涨行情中。

2022 年 3 月初，股价上涨至 6.50 元价位线附近后止涨，K 线连续收出小阴线下跌，当股价下行至 5.00 元价位线附近后止跌企稳并横盘整理，股价下行并未跌破前期低点，说明该股的上升趋势并未转变，这里的下跌只是上涨途中的回调整理。

此时，查看下方的 DMI 指标发现，原本下行的 PDI 线拐头上行，并向上突破 MDI 线，运行至 MDI 线上方，说明场外有新的买方力量进场，推动股价上涨，该股这一波回调整理结束，后市继续看涨，投资者可以买入。

随后股价继续表现向上逐浪运行的行情。2022 年 6 月上旬，股价上涨到 12.00 元价位线附近后再次止涨回调，下方 DMI 指标中的 PDI 线也同步拐头下行，说明市场中的空头占据优势。

2022 年 7 月下旬，PDI 线再次拐头向上突破 MDI 线，运行至 MDI 线上方，说明多头聚集，力量不断增强，后市将继续表现之前的上涨行情，投资者可以在此位置适当加仓。

3.2.2　PDI 线从上向下跌破 MDI 线

当股价走势向下时，PDI 线从上向下跌破 MDI 线，说明市场中的空头力量增强，股价开始走弱，是一种卖出信号，短线投资者应尽快离场。如果 PDI 线向下跌破 MDI 线后，继续在 MDI 线下方运行，说明股价的下跌行情延续，市场处于弱势之中，投资者宜采取持币观望的策略。

实例分析

中直股份（600038）PDI 线自上而下穿过 MDI 线

图 3-3 为中直股份 2021 年 12 月至 2022 年 5 的 K 线走势。

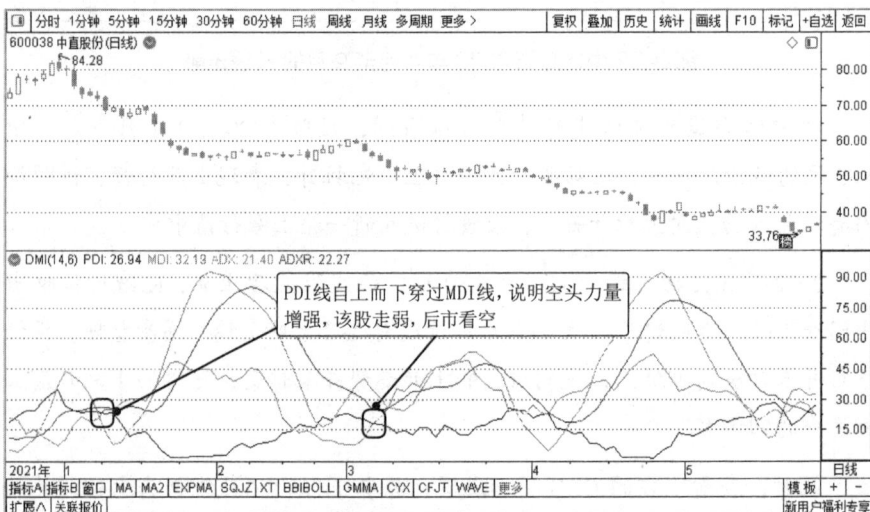

图 3-3　中直股份 2021 年 12 月至 2022 年 5 的 K 线走势

从中直股份的 K 线走势情况可以看到，2021 年 12 月底，股价上涨至 80.00 元价位线上方，在创出 84.28 元的新高后止涨，紧接着 K 线连续收出多根阴线使得股价下行。

但是，股价下跌至 70.00 元价位线附近后便止跌，并在该价位线附近进行了一次横盘整理，因此很多投资者会认为股价并未见顶，此时只是股价上涨途中的回调整理而已，事实真的如此吗？

查看下方的 MDI 指标发现，PDI 线拐头下行，自上而下穿过 MDI 线，运行至 MDI 线下方，说明场内的空头力量占据优势，该股已经转入空头市场中了，后市股价继续表现下跌的可能性较大，此时场内还未离场的投资者应尽快离场。

随后股价继续向下运行，K 线再次连续收出下跌阴线，跌势急促。但是股价在 2022 年 1 月底下行至 55.00 元价位线附近后再次止跌横盘，并且在 2 月中旬收出阳线，向上小幅拉升，行情有回升转势迹象。

此时查看下方的 DMI 指标发现，PDI 线拐头向上，自下而上穿过 MDI 线，运行至 DMI 线上方，但是并未持续较长时间，很快又再次拐头下行，自上而下穿过 MDI 线，运行至 MDI 线下方，说明市场中的空头力量仍然十分强劲，后市继续看空，场外的投资者不要贸然入场，应以持币观望为主。

3.2.3　PDI 线与 MDI 线相互位置关系的应用

通过前面的学习，我们了解到 PDI 线代表上升力度，MDI 线代表下跌力度，二者的相互位置关系对行情趋势研判有重要意义。

若 PDI 线在 MDI 线上方时，说明此时为强势市场，股价多以持续上升的方式向上运行。若 PDI 线在 MDI 线下方，说明此时为弱势市场，股价多以持续下跌的方式向下运行。另外，这两条指标线的距离越大，不管是多头市场还是空头市场，市场的单边趋势性也就越明显。

但是，如果 PDI 线和 MDI 线相互交织纠缠在一起，且两者之间的距离越近，则表明当前市场处于盘整的僵局之中，市场中的多头和空头没有绝对的优劣势之分，个股后市走势不明。此时，PDI 线上穿和下穿 MDI 线发出的买卖信号均无效。

实例分析

浙江东日（600113）利用 PDI 线与 MDI 线的相互位置关系分析行情趋势

图 3-4 为浙江东日 2022 年 2 月至 9 月的 K 线走势。

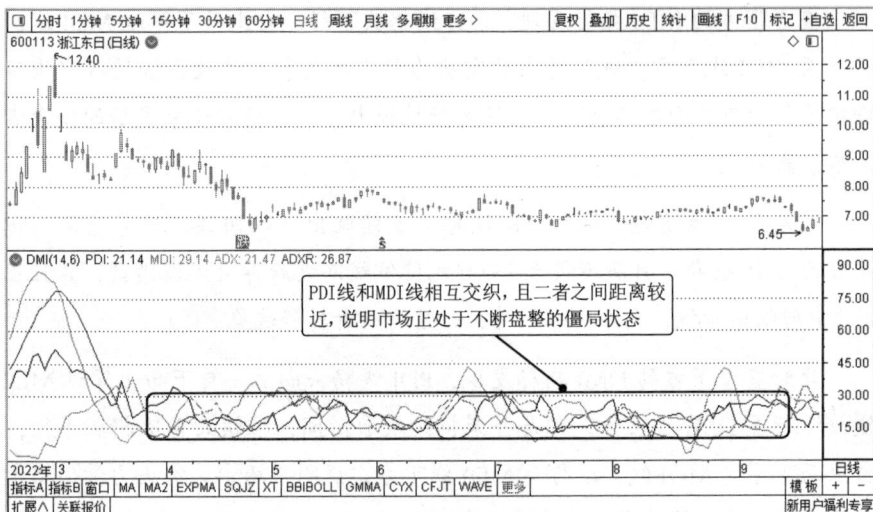

图 3-4　浙江东日 2022 年 2 月至 9 月的 K 线走势

从浙江东日的 K 线走势可以看到，2022 年 3 月初，股价在 12.00 元价位线上方以 12.40 元的价格见顶后拐头向下震荡下行。同期 DMI 指标中的 PDI 线也拐头向下，并自上而下穿过 MDI 线，说明市场由强转弱，进入空头市场。

但是，MDI 线并未在 PDI 线上方持续运行较长时间，而是很快便和 PDI 线交织纠缠运行。在波动过程中，PDI 线和 MDI 线频繁交叉，且两线之间的距离越来越近。由此说明，市场中的多空双方势均力敌，该股处于一种横向整理的僵局状态后市走势不明。面对这一走势，投资者应以场外持币观望为主，不要匆忙入场。

图 3-5 为浙江东日 2022 年 7 月至 12 月的 K 线走势。

从浙江东日后市的 K 线走势来看，2022 年 9 月中旬，DMI 指标中的 PDI 线再次自上而下穿过 MDI 线，随后 PDI 线继续下行，且与 MDI 线之间的距离明显增大，此时上方 K 线也连续收出阴线，使得股价平衡状态被打破，行情转入震荡下行的空头市场中，说明市场中的空头动能在此次的多空博弈中胜出，该股后市将迎来一波下跌。

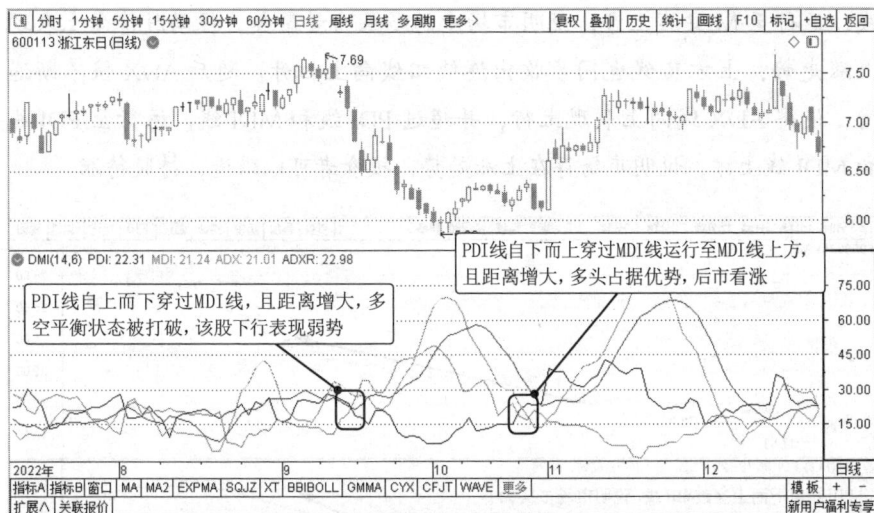

图 3-5　浙江东日 2022 年 7 月至 12 月的 K 线走势

2022 年 10 月下旬，处于 MDI 线下方的 PDI 线拐头向上，自下而上穿过 MDI 线，运行至 MDI 线上方，且两线之间的距离逐渐增大，说明市场不断有新的多头力量涌入，使得多头逐渐占领市场，后市将迎来一波上涨行情，投资者可以在此位置买入。

3.2.4　ADX 线上行则趋势存在

ADX 线是衡量趋势强度的重要指标，也就是说，投资者可以根据 ADX 线的运行情况判断当前市场趋势的强弱程度。当 ADX 值不断递增，ADX 线向上运行时，说明市场存在趋势，这个趋势既可能是上涨趋势，也可能是下跌趋势。

实例分析

特变电工（600089）ADX 线上行，市场趋势分析

图 3-6 为特变电工 2022 年 4 月至 6 月的 K 线走势。

从特变电工的 K 线走势可以看到，2022 年 4 月，股价创出 17.53 元的新低后止跌回升，随着股价的回升 MDI 指标的 PDI 线自下而上突破 MDI

线，运行至 MDI 线上方，说明市场中的多头力量聚集，拉动股价向上表现
上涨走势，上方 K 线也同步收出连续阳线向上拉升。随后 ADX 值不断递
增，使得 ADX 线向上表现上行，并超过 PDI 线和 MDI 线，运行至 PDI 线
和 MDI 线上方，说明市场存在上涨趋势，投资者可以跟进，持股待涨。

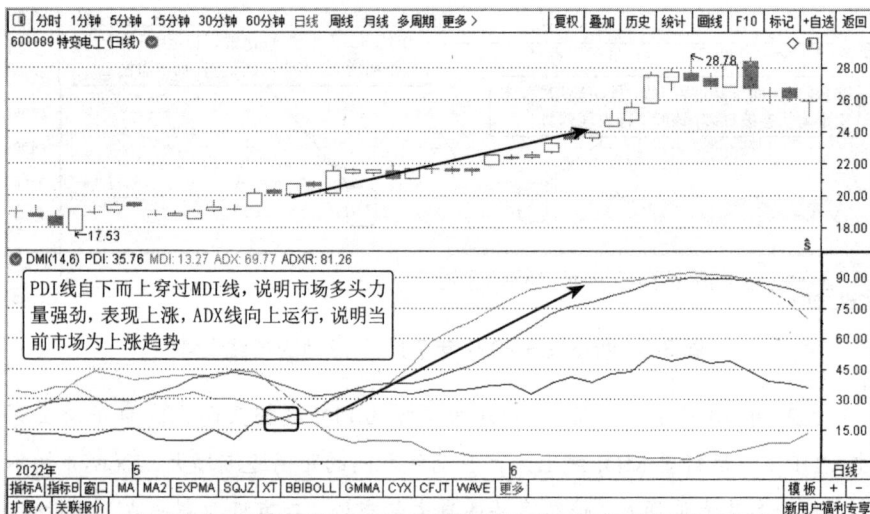

图 3-6　特变电工 2022 年 4 月至 6 月的 K 线走势

图 3-7 为特变电工 2022 年 6 月至 8 月的 K 线走势。

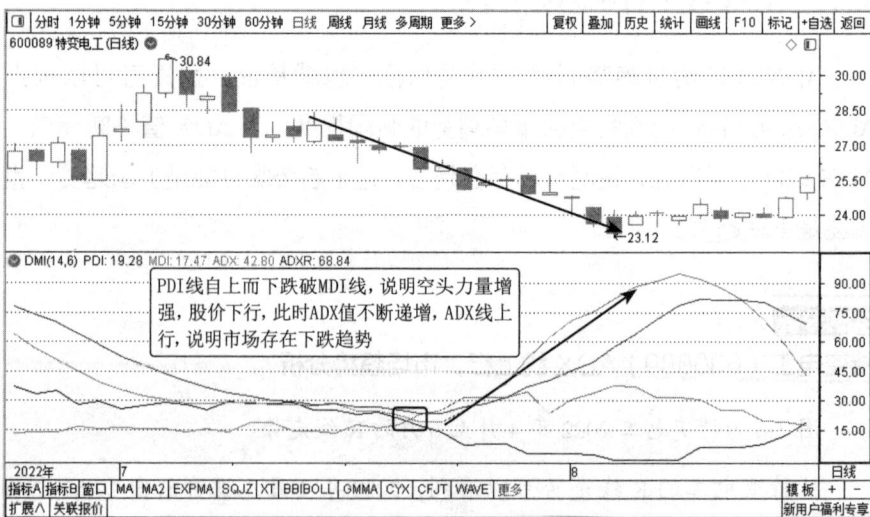

图 3-7　特变电工 2022 年 6 月至 8 月的 K 线走势

从特变电工的后市走势可以看到，该股不断向上拉升，在 2022 年 7 月运行至 30.00 元价位线上方，在创出 30.84 元的新高后止涨，开始小幅回落。当股价下行至 27.00 元价位线附近后止跌横盘。此时查看 DMI 指标发现，PDI 线横向运行一段时间后便自上而下穿过 MDI 线，运行至 MDI 线下方，说明市场中的空头力量再次聚集抢占市场。而 ADX 值不断递增，ADX 线向上运行，并超过 MDI 线和 PDI 线，说明市场存在下跌趋势，表现弱势。投资者应逢高卖出，规避行情持续下跌带来的风险。

3.2.5　ADX 线下行则趋势衰竭

当 ADX 值不断减小，ADX 线下行时，说明市场当前趋势正逐渐衰竭，股价可能由上涨转为下跌，也可能由下跌转为上涨，更有可能陷入震荡走势中。因此，投资者在实战中进行趋势判断时，需要结合具体的位置来综合考虑。

实例分析
东睦股份（600114）ADX 线下行，市场下跌趋势衰竭

图 3-8 为东睦股份 2022 年 3 月至 8 月的 K 线走势。

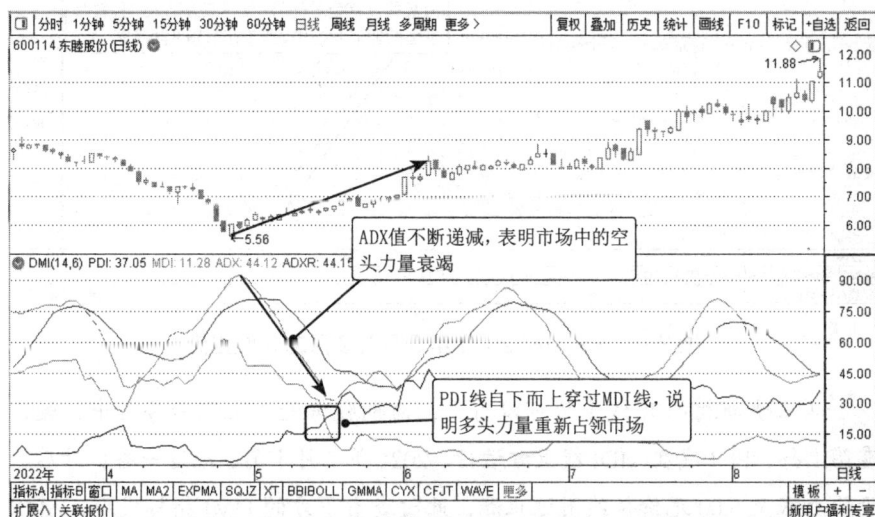

图 3-8　东睦股份 2022 年 3 月至 8 月的 K 线走势

从东睦股份的 K 线走势可以看到，2022 年 4 月底之前，该股处于震荡下行的弱势行情中，MDI 线在 PDI 线上方运行，市场空头力量占据优势。

4 月底，股价下行跌破 6.00 元价位线，在创出 5.56 元的低价后止跌企稳，此时查看下方的 DMI 指标发现，原本上行的 ADX 线在股价止跌后拐头下行，ADX 值不断递减，MDI 线也同步下行，PDI 线却表现上行，说明市场中的空头力量经过连续的下跌不断被消耗而走弱，多头力量却开始聚集，预示这一轮下跌趋势即将结束。

2022 年 5 月中旬，当 PDI 线自下而上穿过 MDI 线时，说明市场中的多空力量发生转变，多头占据优势，并主导市场，上涨行情确认。

实例分析

三峡新材（600293）ADX 线下行，股价区间震荡

图 3-9 为三峡新材 2021 年 5 月至 9 月的 K 线走势。

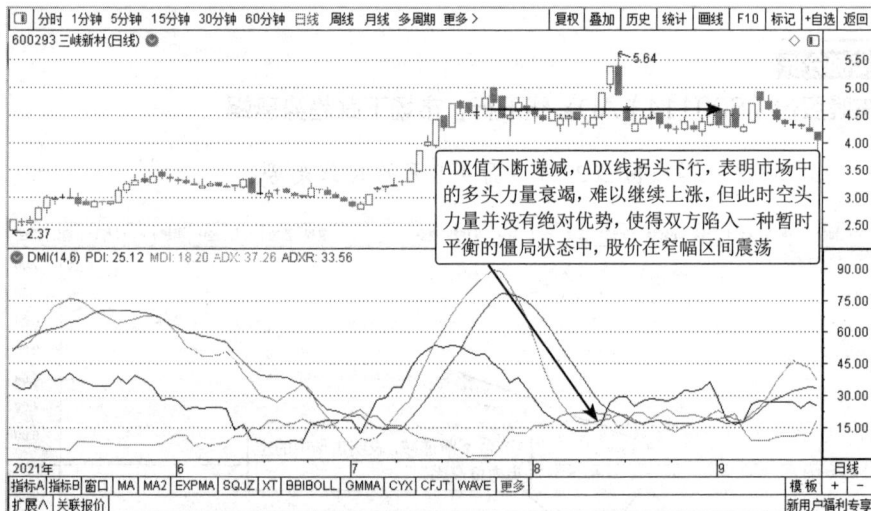

图 3-9　三峡新材 2021 年 5 月至 9 月的 K 线走势

从三峡新材的 K 线走势可以看到，前期股价处于上涨趋势之中，股价震荡上行，PDI 线在 MDI 线上方运行。2021 年 7 月下旬，经过一番拉升后，股价上涨至 5.00 元价位线附近止涨，此时查看下方的 DMI 指标发现，ADX

值不断递减，使得 ADX 线拐头下行，PDI 线也同步下行，MDI 线却表现上行，说明市场中的多头力量减弱，难以维持股价继续上涨，空头力量逐渐聚集。

正常来看，市场中空头力量不断增强，当 PDI 线自上而下穿过 MDI 线，说明空头力量占据绝对优势，将转入空头市场中。

但是事实上，PDI 线自上而下穿过 MDI 线后，两条指标线并未逐渐增加距离，而是相互交织缠绕横向运行，说明原本的上涨趋势虽然难以继续，但是市场中的空头力量强度不够，使得多头和空头形成一种暂时平衡的状态，上方股价则围绕 4.50 元价位线窄幅横盘波动运行。在股价没有出现明显的上涨或下跌趋势之前，投资者应以场外观望为主。

实例分析

杭萧钢构（600477）ADX 线下行，市场上涨趋势衰竭

图 3-10 为杭萧钢构 2023 年 1 月至 3 月的 K 线走势。

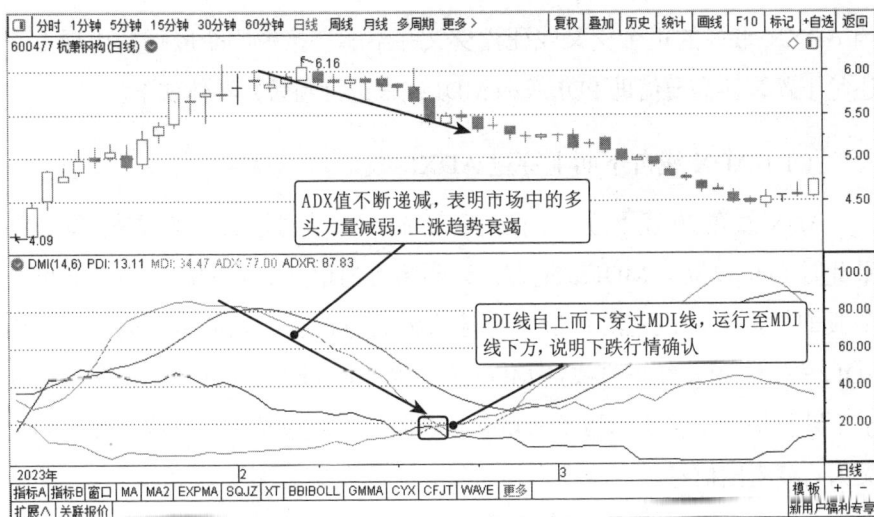

图 3-10　杭萧钢构 2023 年 1 月至 3 月的 K 线走势

从杭萧钢构的 K 线走势情况可以看到，前期该股股价处于震荡上行的上涨趋势之中，ADX 值不断递增，PDI 线在 MDI 线上方波动运行。

2023 年 2 月初，股价上行至 6.00 元价位线附近后止涨，此时查看下方的 DMI 指标发现，ADX 值不断减小，ADX 线拐头下行，说明经过前期的拉升行情，市场中的多头力量逐渐减弱，上涨趋势衰竭。

同时，PDI 线向下运行，MDI 线上行，表明市场中的空头力量正在逐渐增强。当 PDI 线自上而下穿过 MDI 线，运行至 MDI 线下方，说明下跌行情得到确认，随后 ADX 值不断增大，ADX 线拐头上行，说明下跌趋势得到增强，后市看跌。

3.2.6 ADX 线与 ADXR 线交叉

很多技术指标都存在黄金交叉与死亡交叉，同样，在 DMI 指标中也存在黄金交叉和死亡交叉，但是有别于其他技术指标。普通技术指标中的黄金交叉和死亡交叉往往是股价上涨或下跌的开端信号，而 DMI 指标中的黄金交叉和死亡交叉则不是。因为 ADX 线和 ADXR 线是趋势强弱程度的体现，并不能直接表明上升趋势或下降趋势，所以，DMI 指标中 ADX 与 ADXR 形成的黄金交叉或死亡交叉并不能直接说明个股行情出现上涨还是下跌，还需要借助 PDI 线和 MDI 线来进行判断，具体如下。

（1）ADX 线自下而上穿过 ADXR 线

ADX 线在 20 线下方自下而上穿过 ADXR 线时形成交叉就是金叉。如果此时 PDI 线位于 MDI 线上方，说明多方力量开始发力向上拉升股价，个股即将进入加速上涨行情，此时的金叉为看涨买入信号。但是，如果 PDI 线位于 MDI 线下方或是 MDI 线刚刚向上突破 PDI 线，则说明市场处于下跌行情中，空头力量不断增强，个股的下跌速度越来越快，此时的金叉为看跌卖出信号。

实例分析

同方股份（600100）ADX 线自下而上穿过 ADXR 线买卖分析

图 3-11 为同方股份 2022 年 11 月至 2023 年 2 月的 K 线走势。

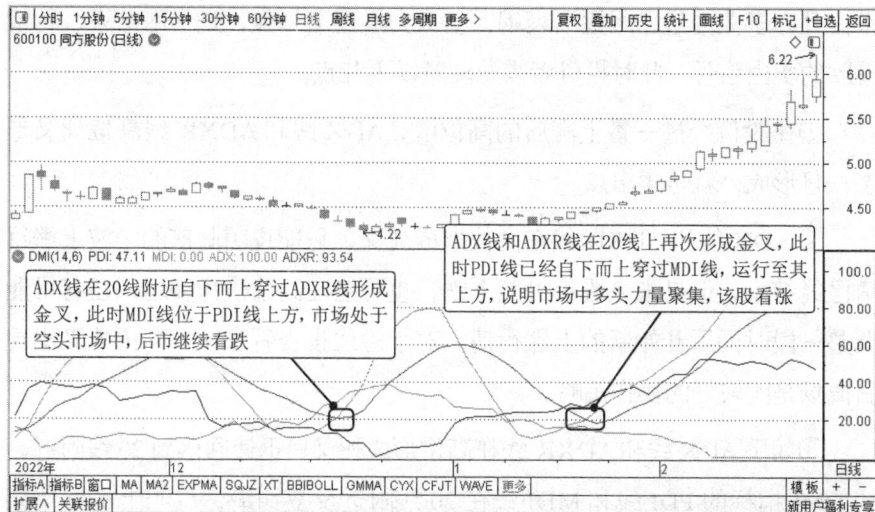

图 3-11　同方股份 2022 年 11 月至 2023 年 2 月的 K 线走势

从同方股份的 K 线走势可以看到，前期该股股价在 4.50 元价位线上波动运行，2022 年 12 月下旬，K 线连续收阴下行跌破 4.50 元价位线，与此同时，查看下方的 DMI 指标发现，ADX 线向下运行至 20 线下方，随后拐头向上，并穿过 ADXR 线在 20 线附近形成金叉，此时 MDI 线位于 PDI 线上方，说明市场中的空头仍然占据优势，当前处于空头市场中，后市看跌，投资者应场外持币观望。

随后 ADX 线向上攀升，上行至 80 线附近后拐头下行，再次回落到 20 线下方。2023 年 1 月下旬，ADX 线再次拐头向上，并在 20 线上自下而上穿过 ADXR 线形成金叉。

此时，PDI 线已经穿过 MDI 线，并在 MDI 线上方运行了一段时间，说明市场中的多头力量占据优势，该股即将进入加速上涨行情，投资者可以在金叉位置附近买进。

（2）ADX 线自上而下穿过 ADXR 线

ADX 线在 80 线附近自上而下穿过 ADXR 线形成交叉就是死叉。如果此时 PDI 线位于 MDI 线上方，说明个股处于多头市场中，但股价经过一番拉升，多头力量已经逐渐衰竭，空头力量逐渐增强，是上涨结束，行情看跌的卖出信号。此时投资者需要注意以下几点。

①在股价经过一番上涨后的高位区，ADX 线和 ADXR 线高位死叉形态一旦形成，就是卖出点。

② ADX 线和 ADXR 线在高位形成死叉，只能说明此前的一波上涨行情已经结束，但是未来股价可能下跌，也可能在高位横盘整理，还有可能调整一段时间后开始新的上涨行情。对于短线投资者来说，高位死叉出现后离场是比较好的操作策略。

③如果 ADX 线和 ADXR 线在高位形成死叉后迅速回落到 20 线附近，与 DMI 指标的 PDI 线和 MDI 线在 20 线附近反复纠缠，说明上涨行情结束后股价进入了顶部横盘整理阶段。

④在股价上涨行情中，PDI 线位于 MDI 线上方波动。当 ADX 线和 ADXR 线高位死叉形成，PMI 线和 MDI 线就会快速靠拢，且 PDI 线跌破 MDI 线，说明多方力量完全衰退，空方掌握主动权，未来股价将持续下跌。如果 PDI 线位于 MDI 线下方，ADX 线和 ADXR 线在 80 线附近形成高位死叉，则说明个股处于空头市场中，经过连续下跌，场内的空头力量已经逐渐衰竭，多头力量逐渐增强，是这一波下跌走势结束的信号。但是，ADX 线和 ADXR 线在高位形成死叉，只能说明此前的一波下跌行情已经结束，未来股价可能拐头上行，也可能在低位横盘整理，还有可能调整一段时间后开始新的下跌行情。所以，投资者应以场外观望为主，不要贸然入场。

实例分析
全柴动力（600218）ADX 线自上而下穿过 ADXR 线

图 3-12 为全柴动力 2021 年 8 月至 2022 年 5 月的 K 线走势。

从全柴动力的 K 线走势可以看到，在 2021 年 8 月下旬之前，该股还处于不断向上攀升的上涨趋势之中，MDI 指标中的 ADX 线同步向上攀升，一度上冲至 90 线上方。但是在股价创出 18.49 元的高价见顶后，ADX 线也拐头向下，并自上而下穿过 ADXR 线，形成高位死叉，说明场内的多头力量随着连续的上涨而消耗走弱，而空头力量却逐渐聚集，个股这一波上涨行情即将结束，转入空头市场中，场内的投资者应尽快抛售持股离场观望。

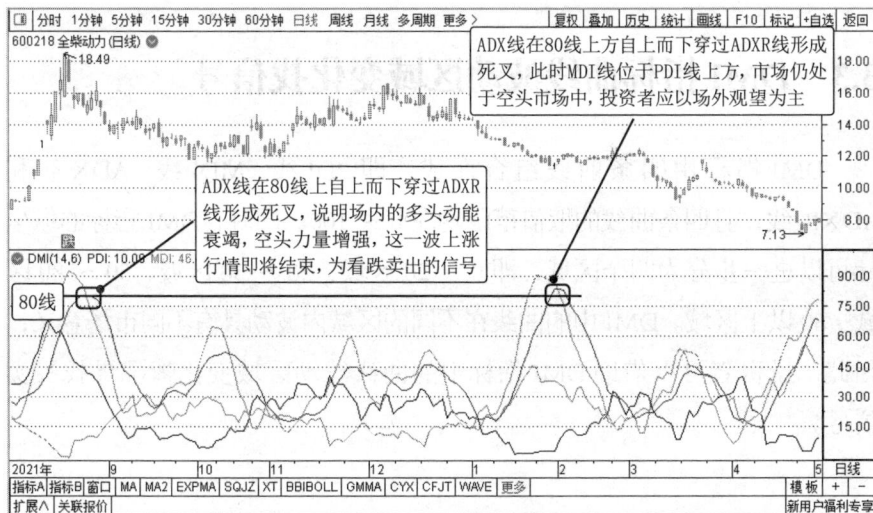

图 3-12　全柴动力 2021 年 8 月至 2022 年 5 月的 K 线走势

从后市走势来看，ADX 线与 ADXR 线形成高位死叉后，PDI 线下行，MDI 线上行，两线逐渐聚集相交，接着 PDI 线下穿 MDI 线，并运行至 MDI 线下方，该股转入空头市场中。

2021 年 12 月中旬，股价反弹至 16.00 元价位线附近后再次下跌，伴随着股价的下跌，PDI 线在 2022 年 1 月初自上而下穿过 MDI 线，再次运行至 MDI 线下方，说明该股正处于空头市场中。随着股价的快速下行，ADX 线再次上冲至 90 线附近后拐头向下，并自上而下穿过 ADXR 线形成高位死叉，说明市场中的空头力量经过前期的下跌而被消耗减弱，该股这一波下跌即将结束，但未来股价走向不明，投资者不能贸然入场。

接着 ADX 继续下行，当运行至 20 线附近后，围绕 20 线横向波动运行，同时，PDI 线向上穿过 MDI 线后也没有继续上行，而是与 MDI 线一起围绕 20 线波动运行，说明市场中的多空双方暂时达成一种平衡状态，市场没有明显运行趋势，与此同时，上方股价也在 12.00 元价位线上横向运行。

PDI 线和 MDI 线再次拉开距离，市场没有出现明确的上涨或下跌趋势之前，投资者不要贸然做出投资决策。

3.3 DMI 指标曲线波动区域变化找信号

DMI 指标由四条曲线组合而成，即 PDI 线、MDI 线、ADX 线和 ADXR 线，且四条曲线的取值范围均在 0 ~ 100。同时，DMI 指标的纵坐标可以进一步分为四个区域，即 0 ~ 20 区域、20 ~ 50 区域、50 ~ 80 区域、80 以上区域。DMI 中的曲线在不同的区域内波动具有不同市场意义，因此，投资者可以借助 DMI 指标中的曲线波动区域变化情况寻找买卖信号。

3.3.1 PDI 线向上突破 20 线

DMI 指标中的 PDI 线和 MDI 线多数情况下都会在 0 ~ 40 区域内，以 20 线为中轴波动运行，PDI 线在 MDI 线上方，表明多方强过空方；PDI 线在 MDI 线下方，表明空方强过多方。

如果 PDI 线长期在 20 线下方波动运行，当 PDI 线从 20 线以下向上突破 20 线，说明场内的多头力量聚集，市场开始由弱转强，是买入信号，具体操作要点包括以下几点。

① PDI 线向上突破 20 线时，如果成交量配合放大，则信号更强。

② PDI 线向上突破 20 线后，如果能在 20 ~ 40 线区域内波动运行，说明股价会持续上涨；如果 PDI 线继续上行突破 40 线，则市场很可能进入超买状态，那么股价后市继续上涨的空间较小；如果 PDI 线很快拐头向下并跌破 20 线，则说明多方后续能量不足，不能支撑持续上涨。

③如果 PDI 线在 20 线下方向上突破 20 线的同时也突破了 MDI 线，

则该形态的看涨信号更加可靠。

④如果 PDI 线向上突破 20 线后很快便出现回落，但在 20 线位置获得支撑而反弹，则更加确认了多方力量的强劲，投资者可以买入跟进。

实例分析

亨通光电（600487）PDI 线向上突破 20 线，市场由弱走强

图 3-13 为亨通光电 2022 年 3 月至 7 月的 K 线走势。

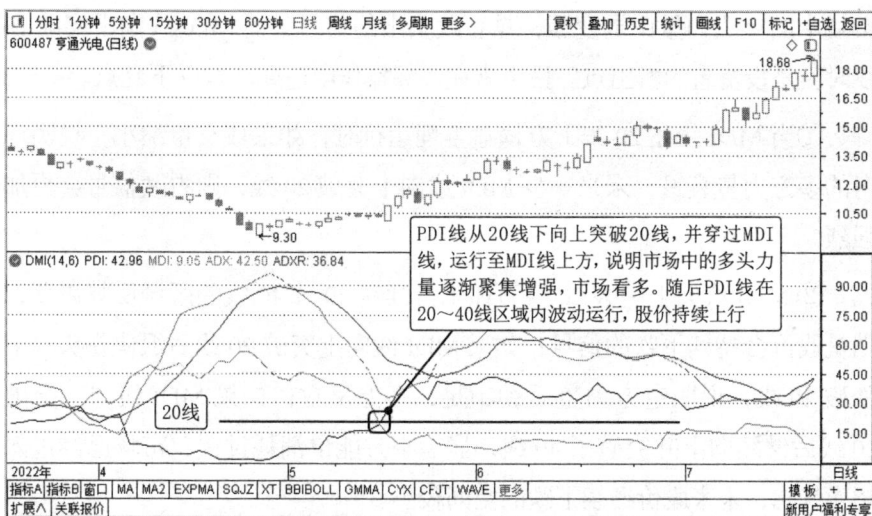

图 3-13 亨通光电 2022 年 3 月至 7 月的 K 线走势

从亨通光电的 K 线走势可以看到，在 2022 年 4 月底之前，该股处于震荡下行的弱势行情中，与此同时，DMI 指标中的 MDI 线在 PDI 线上方波动运行，说明市场中的空头力量强劲。

2022 年 4 月下旬，原本在 20 线下波动运行的 PDI 线却拐头向上，并在 5 月中旬时向上突破 20 线，说明随着多头力量的逐渐聚集，市场逐渐走强，为投资者的买入信号。仔细观察可以看到，在 PDI 线向上突破 20 线的同时还向上突破了 MDI 线，运行至 MDI 线上方，说明场内的多空双方发生了转变，多头明显强于空头，进一步肯定了买入信号的可靠性。

与此同时，查看上方的 K 线走势发现，股价在 10.00 元价位线附近企稳

筑底，随后开始向上回升，说明这一轮下跌行情已经结束，新一轮上涨行情启动。PDI 线自下而上突破 20 线后持续在 20～40 波动运行，说明市场中的多头力量强劲，带动股价向上持续运行，投资者可以持续持股。

3.3.2 MDI 线向上突破 20 线

如果 MDI 线长期在 20 线以下波动运行，说明市场处于上涨趋势中，多头动能强劲，带动股价向上拉升。一旦 MDI 线向上突破 20 线，则说明市场中的空头力量由弱变强，是看跌卖出的信号，而 MDI 线向上突破 20 线时就是投资者的卖出点。投资者在实际操作中还要注意以下几点。

①当 MDI 线在 20 线下方横盘整理运行时，如果成交量缩小，说明场内的多方力量衰退，未来一旦 MDI 线向上突破 20 线，则看跌信号会更加强烈。

② MDI 线向上突破 20 线后如果持续在 20～40 线的区域反复震荡，则是股价会持续下跌的信号；如果 MDI 线向上突破 20 线后很快拐头向下跌破 20 线，说明空方力量后劲不足，多方反攻；如果 MDI 线向上突破 20 线后继续向上并突破了 40 线，显示空方能量消耗过快，市场已经进入超卖状态，未来股价继续下跌的空间较小。

③如果 MDI 线在 20 线下方向上突破 20 线的同时也突破了 PDI 线，则该形态的看跌信号更加可靠。

④如果 MDI 线向上突破 20 的同时也突破了 PDI 线，并且 PDI 线很快回落到 20 线下方，则说明市场中多方力量衰退，空方强势，为卖出信号。

实例分析
华鲁恒升（600426）MDI 线向上突破 20 线，市场由强走弱

图 3-14 为华鲁恒升 2023 年 1 月至 5 月的 K 线走势。

从华鲁恒升的 K 线走势可以看到，2023 年 2 月中旬之前，该股处于震荡向上的拉升行情中，此时 MDI 线在 20 线下方的低位区域内波动运行。随

着股价在创出 38.55 元后见顶回落，MDI 线也在 20 线下方拐头向上，并在
2023 年 3 月上旬向上突破 20 线，说明市场中的空头力量逐渐增强，多头力
量衰竭，该股将转入下跌走势中。

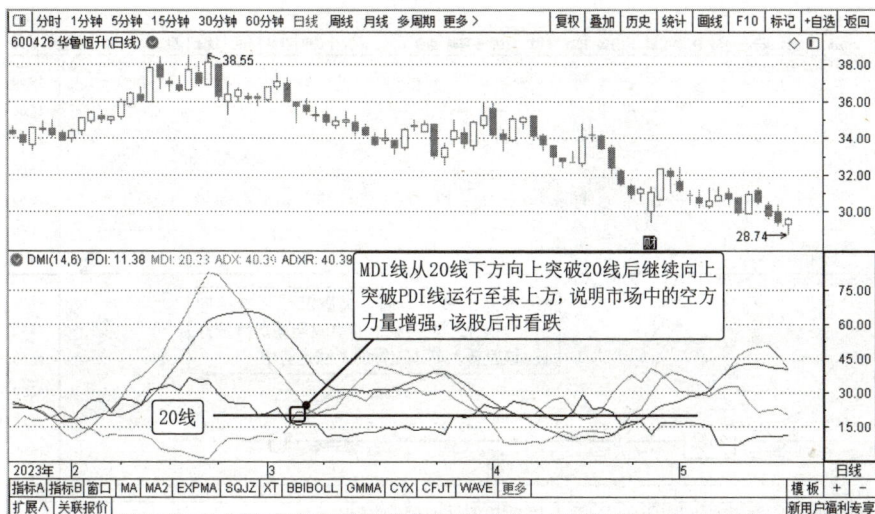

图 3-14　华鲁恒升 2023 年 1 月至 5 月的 K 线走势

当 MDI 线在向上突破 20 线时，还向上突破 PDI 线运行至其上方，说明
场内的空头力量强于多头力量，该股由多头市场转入空头市场，进一步确认
这一波上涨行情结束，后市即将转入下跌走势信号的准确性。场内的投资者
应尽快离场，锁定前期收益。从该股后市走势来看，股价在创出 38.55 元的
新高后止涨回落，转入震荡下行的弱势行情中。

3.3.3　ADX 线向上突破 20 线

当 DMI 指标的 ADX 线在 20 线下方波动运行时，说明当前市场趋势
比较弱，没有出现明显的上涨或下跌趋势，可能正处于震荡或盘整走势之
中。当 ADX 线从 20 线以下向上突破 20 线，并运行至 20 线上方时，表明
市场趋势正在逐步形成，即股价从盘整或震荡趋势变成单边上涨或单边下
跌趋势之中。具体的单边趋势是上涨还是下跌需要从 PDI 线和 MDI 线的
波动情况来判断。

实例分析

兴发集团（600141）ADX 线向上突破 20 线买入分析

图 3-15 为兴发集团 2020 年 12 月至 2021 年 6 月的 K 线走势。

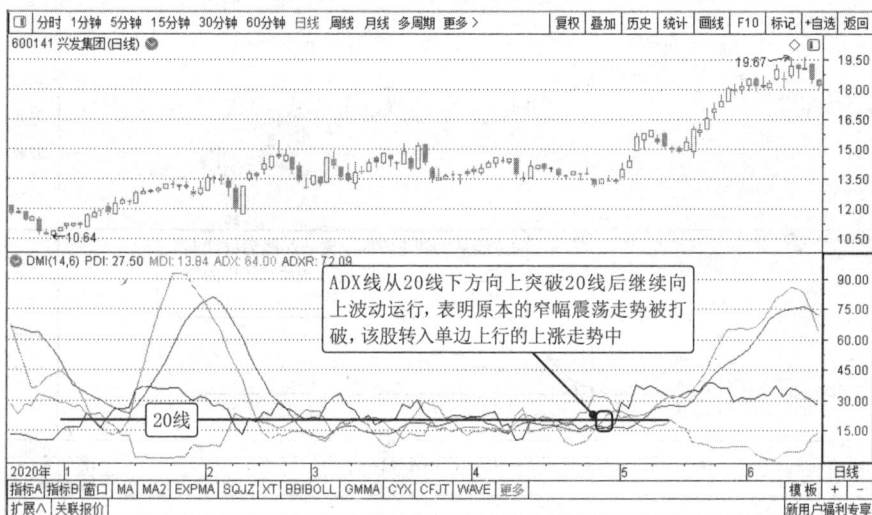

图 3-15 兴发集团 2020 年 12 月至 2021 年 6 月的 K 线走势

从兴发集团的 K 线走势可以看到，2020 年 12 月底，该股在创出 10.64 元的新低后开始从相对低位处向上攀升，下方的 ADX 线在股价不断上涨的带动下于 2021 年 1 月中旬拐头向上，并一度上冲至 90 线附近，说明场内多头力量强劲，该股转入单边上涨的行情中。

但股价上涨至 15.00 元价位线附近后出现明显的滞涨，此时查看下方的 DMI 指标发现，ADX 线在上冲 90 线后很快便拐头向下，并于 2 月中旬跌破 20 线运行至 20 线下方，说明场内的多空双方没有明显的优劣之分，市场无明显趋势，该股股价在 13.50 元至 15.00 元表现出横盘窄幅波动走势，未来走向不明。

2021 年 4 月下旬，ADX 线从 20 线下方向上突破 20 线，运行至 20 线上方并继续上行，且 PDI 线自下而上突破 MDI 线运行至 MDI 线上方，说明在这场多空博弈中，多头以绝对优势胜出，该股转入多头市场，且呈现出强势上涨趋势，投资者可以在此位置买入。

3.3.4　ADX 线向上突破 40 线

当 ADMI 指标的 ADX 线上行并向上突破 40 线时，表明市场运行趋势强度比较大，后市沿着当前趋势发展的可能性较大，投资者可以在 ADX 线向上突破 40 线时，结合当前的运行趋势进行加仓或减仓操作。

实例分析

重庆路桥（600106）ADX 线向上突破 40 线买入分析

图 3-16 为重庆路桥 2021 年 9 月至 12 月的 K 线走势。

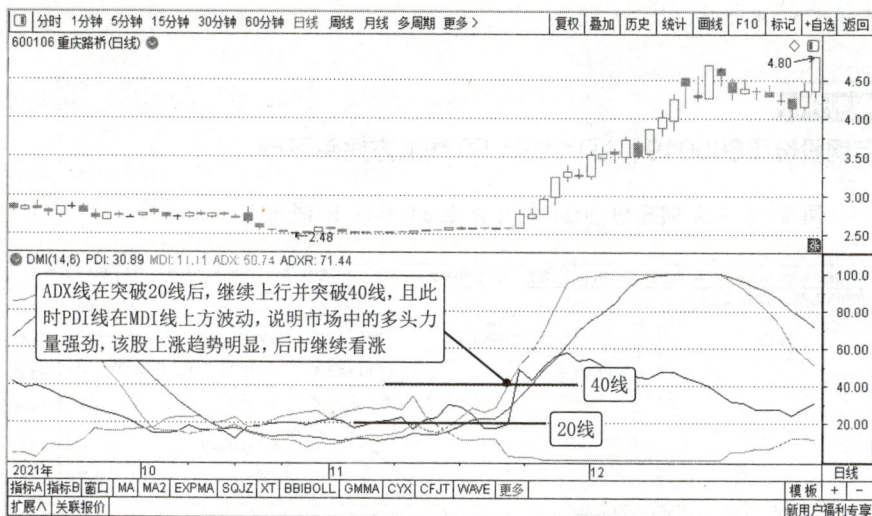

图 3-16　重庆路桥 2021 年 9 月至 12 月的 K 线走势

从重庆路桥的 K 线走势情况可以看到，前期该股经过一波下跌行情后于 2021 年 10 月中旬运行至 2.50 元价位线附近的低位区域，随后在该价位线上横盘整理运行，ADX 线则在 20 线下方波动运行，未来走势不明。

2021 年 11 月中旬，ADX 线向上突破 20 线，PDI 线也向上突破 MDI 线，运行至其上方，说明场内的多头力量聚集向上拉升股价，该股结束了之前的横盘整理局面，表现上涨。

ADX 线在突破 20 线后继续上行向上突破了 40 线，并运行至 40 线上方，说明场内的多头力量强劲，该股上涨趋势明确，后市股价继续向上，表现上涨行情的可能性较大，投资者可以在此位置加仓买入，持股待涨。

3.3.5 ADX 线在 50 线以上拐头向下

当 DMI 指标的 ADX 值大于 50 时，说明市场趋势强度非常强劲，一旦 ADX 线在 50 线上忽然拐头向下，则表示个股运行的趋势发生转折，将出现一波相反行情。一般情况下，ADX 线会由高处回落至 20 线附近，但是如果 ADX 线仅下跌至 40 ～ 60 线，便再次向上回升，则通常预示有更大的行情来临。

实例分析

宝钢股份（600019）ADX 线从 50 线上方拐头下行

图 3-17 为宝钢股份 2021 年 8 月至 11 月的 K 线走势。

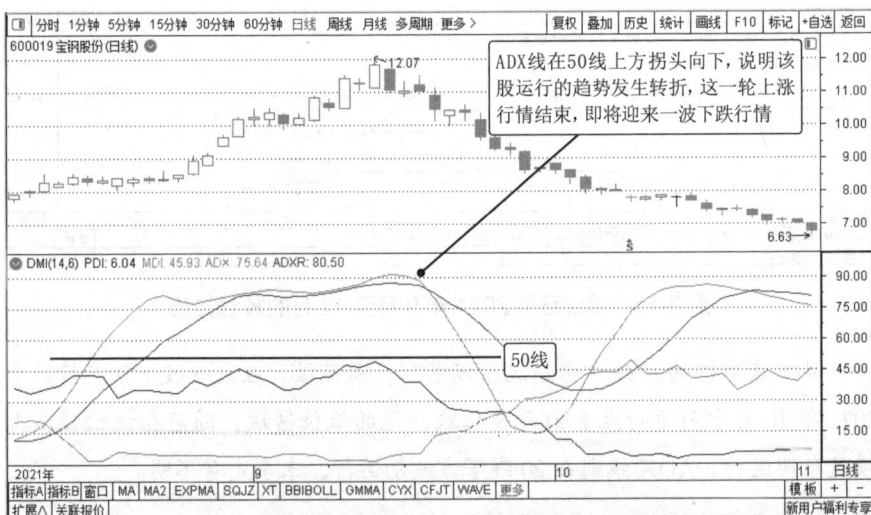

图 3-17 宝钢股份 2021 年 8 月至 11 月的 K 线走势

从宝钢股份的 K 线走势可以看到，2021 年 9 月中旬之前，该股处于强势上涨行情中，DMI 指标的 ADX 线从 20 线以下向上运行，并依次向上突破 20 线和 50 线，PDI 线则在 MDI 线上方维持在 30 ～ 45 线波动运行，说明市场中的多头力量强劲，股价处于不断向上的上涨趋势中。

2021 年 8 月下旬，ADX 线运行至 80 线上方后并未继续上行，而是在 80 线上方横向波动一段时间后于 9 月继续上行，说明此时市场趋势极强。接着在 2021 年 9 月中旬时，ADX 线上冲 90 线后突然拐头向下，并自上而下跌破 ADXR 线，说明市场趋势由强转弱，该股这一轮上涨行情结束，后市即将迎来一波下跌行情，是投资者卖出的信号。

从后市走势来看，ADX 线拐头向下后快速从高处回落至 20 线下方，直到 PDI 线自上而下穿过 MDI 线，MDI 线运行至 PDI 线上方，ADX 线才重新拐头向上突破 20 线，此时该股已经转入下跌趋势。

3.4　DMI 指标四线综合应用

在前面的内容中介绍了 DMI 指标中四条曲线的具体运用方法，但更多的是单一用法，其实 DMI 指标中的四条曲线还可以组合起来综合应用，对股价的运行趋势进行分析判断，以便快速掌握行情变化。

3.4.1　PDI、ADX、ADXR 三线向上发散

DMI 指标中的四条指标线在低位区域纠缠运行一段时间后，MDI 线变成四条指标线中最低的一条线，而 PDI、ADX 和 ADXR 三条指标线均持续向上发散，说明市场内买方人气逐渐聚集，股价即将结束横盘整理走势，为看涨信号。

在实际操作中投资者需要注意以下几点。

① PDI、ADX 和 ADXR 三条指标线向上发散的过程中，PDI 线可能

会突破 MDI 线，ADX 线和 ADXR 线也可能形成低位金叉，这些都是看涨信号，投资者可以根据这些信号分批建仓。

②在向上发散的三条指标线中，ADX 线的波动范围比 ADXR 线更大，而 PDI 线波动范围最小，所以，最后发散形态完成时，DMI 指标的四条指标线的排列顺序从上到下依次是 ADX、ADXR、PDI 和 MDI。

③因为 MDI 线是下降方向线，它对上涨走势反应不灵敏，所以不会呈发散向上的走势。

实例分析

中国联通（600050）PDI、ADX、ADXR 三线向上发散看涨分析

图 3-18 为中国联通 2022 年 9 月至 12 月的 K 线走势。

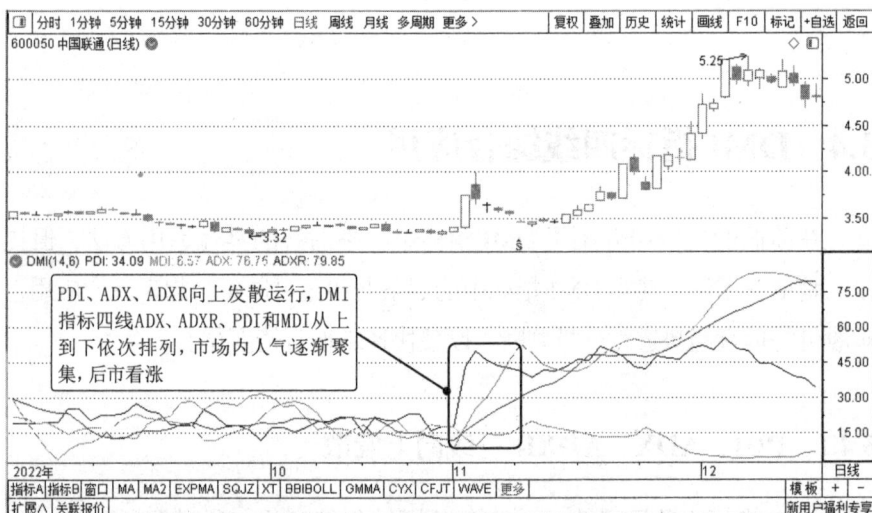

图 3-18　中国联通 2022 年 9 月至 12 月的 K 线走势

从中国联通的 K 线走势可以看到，前期经过一番下跌行情后，股价下行至 3.50 元价位线附近止跌，随后该股在 3.50 元价位线附近横盘窄幅波动运行，走势沉闷。下方四条指标线在 30 线下方的低位区域交织缠绕横向运行，说明场内多空双方力量达成平衡，未来走势不明。

2022 年 11 月初，PDI、ADX、ADXR 三线均拐头向上，呈发散运行状态，DMI 指标中的四线 ADX、ADXR、PDI 和 MDI 从上到下依次排列，说明市场内人气逐渐聚集，该股即将开启新一轮上涨趋势，投资者可逢低买入。

3.4.2　PDI 线同时在 ADX、ADXR、MDI 下方

当 DMI 指标的 PDI 线同时处于 ADX、ADXR、MDI 三线的下方，尤其是 50 线以下位置时，说明当前市场处于一种弱市状态，股价向下运行的趋势还没有发生改变，后市股价继续下行的可能性较大，投资者不要贸然入场，应以场外持币观望为主。

实例分析

宇通客车（600066）PDI 线同时在 ADX、ADXR、MDI 下方看跌分析

图 3-19 为宇通客车 2021 年 3 月至 2022 年 2 月的 K 线走势。

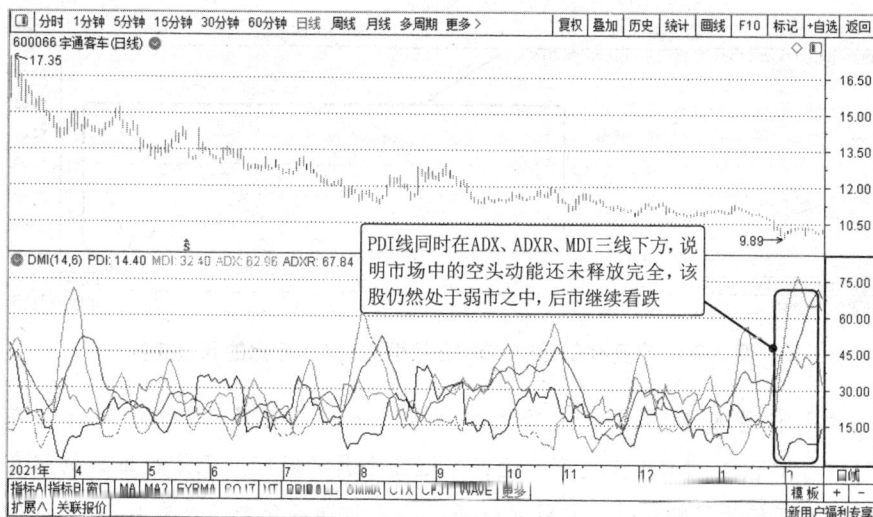

图 3-19　宇通客车 2021 年 3 月至 2022 年 2 月的 K 线走势

从宇通客车的 K 线走势情况可以看到，该股处于逐浪下行的弱势行情

中，股价从 16.50 元价位线上方的相对高位向下滑落，股价震荡下行，跌势沉重。

2022 年 2 月初，经过一段时间的下跌行情后，股价运行至 10.50 元价位线附近的相对低位处止跌企稳，并横盘整理运行，此时距离起跌点位置较远，累计跌幅较大，存在筑底迹象。

但是，进一步查看下方的 DMI 指标发现，MDI、ADX、ADXR 线同时位于 PDI 线上方波动运行，说明此时场内的空头力量并未消耗殆尽，仍然占据优势，该股依旧处于弱市之中，后市继续看跌，此时投资者不应急于入场建仓，应以场外持币观望为主。

图 3-20 为宇通客车 2021 年 12 月至 2022 年 5 月的 K 线走势。

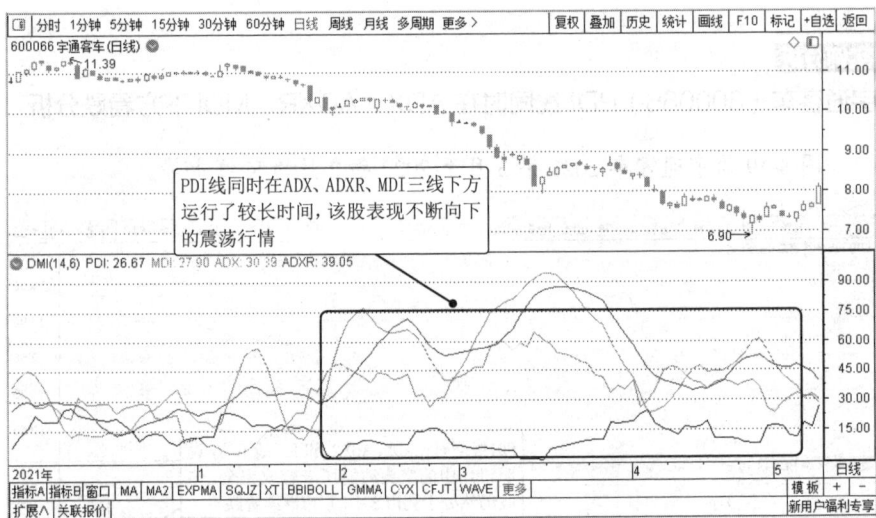

图 3-20　宇通客车 2021 年 12 月至 2022 年 5 月的 K 线走势

从宇通客车的后市走势可以看到，2022 年 2 月初，PDI 线同时在 ADX、ADXR、MDI 三线下方运行了近三个月的时间。上方股价则仍然表现震荡下行的弱势行情，且跌势沉重。如果前期投资者误以为 10.00 元价位线附近是底部而匆忙入场则将被套其中。

3.4.3　PDI 线向上突破 MDI、ADX、ADXR

如果前期 DMI 指标中的 PDI、MDI、ADX、ADXR 四条指标线在 20 线附近的低位区域内窄幅波动运行，一旦 PDI 线向上突破 MDI、ADX 和 ADXR 线，同时股价也带量向上突破中长期均线，则说明市场中的多头力量强劲，个股将在短期内转入强势拉升行情，为看涨买入信号。

当 PDI 线突破 MDI、ADX 和 ADXR 线后，PDI、ADX、ADXR 三线上行，同时股价也依托中长期均线向上拉升，则说明市场中的多头占据绝对优势，股价将继续表现上涨行情，投资者可以坚持持股。

运行一段时间后，PDI 线拐头向下跌破 ADX 线和 ADXR 线，但只要 ADX 线仍然向上，呈上升趋势，则说明市场中多头仍然占据优势，个股上涨趋势并未转变，投资者仍然可以持股。

实例分析

华鲁恒升（600426）PDI 线向上突破 MDI、ADX、ADXR 买入分析

图 3-21 为华鲁恒升 2022 年 9 月至 2023 年 2 月的 K 线走势。

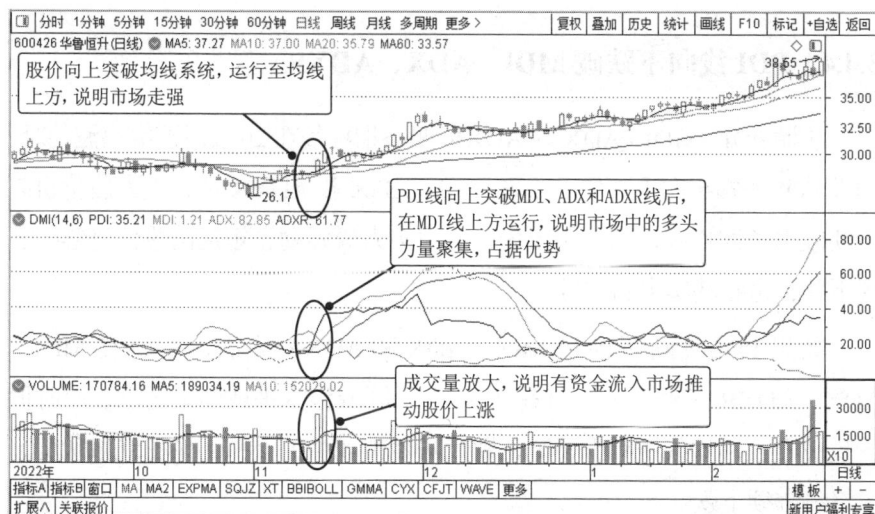

图 3-21　华鲁恒升 2022 年 9 月至 2023 年 2 月的 K 线走势

从华鲁恒升的 K 线运行趋势可以看到，该股在下跌至 30.00 元价位线附近后止跌企稳，随后横盘窄幅波动运行。下方 DMI 指标中的四条指标线相互交织缠绕，在 20 线附近的低位区域窄幅波动运行，说明此时市场并没有比较明显的趋势，而是处于一种比较温和的盘整状态之中，此时的 DMI 指标不具备分析意义。

2022 年 11 月中旬，PDI 线拐头向上并先后突破 MDI、ADX 和 ADXR 线，然后维持在 MDI 线上方波动运行，说明场内的多头力量聚集，逐渐占据优势主导市场，该股将表现上涨趋势。

此时上方 K 线也连续收出上涨阳线，向上拉升股价一举突破均线系统，并站在均线上方向上运行，说明当前的股价已经超过了过去一段时间的平均交易价格，是向上的趋势，后市将进入上涨行情。

此时查看下方的成交量可以看到，下方成交量配合放大，说明拉升有成交量支撑，配合良好，是市场走强的信号。

综合这些信息可以判断，场内多头聚集，市场由弱转强，该股短期内即将迎来一波上涨行情，投资者可以买入持股待涨。

3.4.4　PDI 线向下跌破 MDI、ADX、ADXR

前期 PDI、MDI、ADX 和 ADXR 四条指标线在 20 线附近窄幅波动时，如果 PDI 线拐头向下并先后跌破 MDI、ADX 和 ADXR 线，上方股价也向下跌破中长期均线，则说明市场中的空头力量强劲，短期内股价将继续表现下跌，是看跌卖出的信号。

如果 PDI 线向下跌破 MDI、ADX 和 ADXR 线后，一直在 MDI、ADX、ADXR 三线下方，且在 20 线以下区域作水平或向下运动，同时股价也被中长期均线压制下行时，则意味着市场中的空头力量占绝对优势，价格将继续下跌。

实例分析

深桑达 A（000032）PDI 线向下跌破 MDI、ADX、ADXR

图 3-22 为深桑达 A 在 2021 年 11 月至 2022 年 5 月的 K 线走势。

从深桑达 A 的 K 线走势可以看到，前期该股震荡向上，涨势稳定，DMI 指标的 PDI 线在 MDI 线上方波动运行，说明该股上涨动力强劲。

2022 年 1 月，股价上涨至 25.00 元价位线上方，之后创出 27.10 元的新高后止涨回落，PDI、ADX 和 ADXR 三线也拐头下行，接着 DMI 指标四线在 20 线附近做窄幅波动运行，上方股价则在 22.50 元价位线附近横盘整理运行，说明市场中的多空双方暂时形成一种平衡。

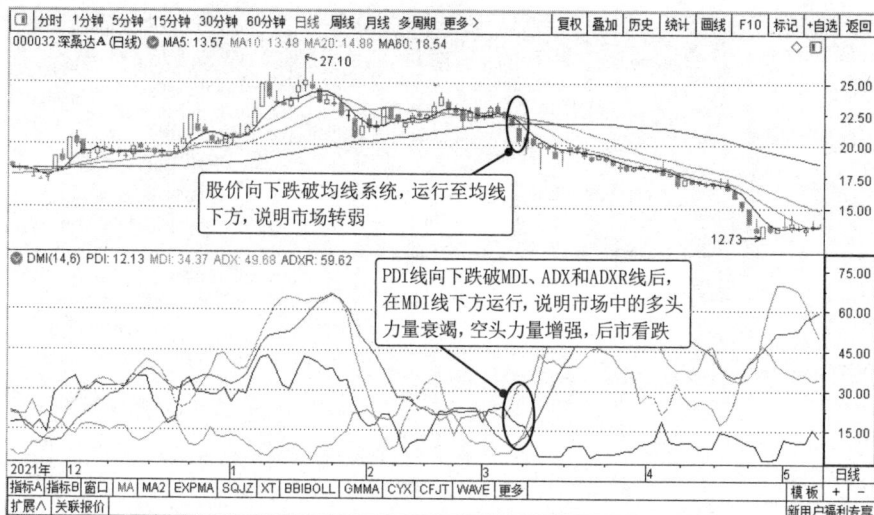

图 3-22 深桑达 A 在 2021 年 11 月至 2022 年 5 月的 K 线走势

2022 年 3 月上旬，PDI 线突然向下并先后跌破 MDI、ADX 和 ADXR 线，上方股价也连续收出下跌阴线，跌破均线系统，运行至均线下方，说明市场中的空头力量动能十足，短期内股价将继续表现下跌。此时场内还没离场的投资者应尽快离场。

PDI 线向下跌破 MDI、ADX、ADXR 三线之后继续向下运行至 20 线下方，并在该区域内波动运行，MDI、ADX、ADXR 三线则维持在上方波动，上方股价也受到均线压制而在均线下方震荡下行，说明市场中的空头力量占绝对优势，该股将继续表现下跌趋势。

第4章

短线策略：结合K线位置综合判断

在前面的内容中对KDJ、RSI和DMI技术指标逐一做了详细的介绍，本章将结合K线位置，对KDJ、RSI和DMI技术指标在实战中的具体运用和分析进行介绍。对于每一位投资者而言，都希望能够精准把握底部和顶部，以便实现收益的最大化，但是实战中不仅存在阶段性顶部和底部，还存在真顶和假顶来迷惑投资者。因此，在面对这些特殊的K线位置时，我们可以利用技术指标做进一步分析，以便得到准确的信号，从而做出科学合理的投资决策。

4.1 K 线突破重要位置技术指标发出买入信号

当股价上行至重要压力位时，受到压力而滞涨，很多投资者便会立即将其视为顶部或阶段性顶部而抛售持股离场。但是，很多时候压力和支撑是可以互换的，一开始可能是压力，但是一旦 K 线向上突破了，就可能从压力转为支撑，成为投资者的买入信号。

4.1.1 股价向上突破箱体 +KDJ 指标分析

箱体指的是股价在运行过程中逐渐形成了一种比较规律的走势，即股价上涨到某一价位便止涨下跌，下跌到某一价位便止跌回升，进而形成的一个狭窄的股价运行区域。

将股价箱体波动时的高点连接起来，就好似箱顶，是股价上行的压力线，对股价上涨起到压制作用；而将股价箱体波动时的低点连接起来，就好似箱底，是股价下行的支撑线，对股价下行起到支撑作用。

一旦股价向上突破箱体顶部压制时，说明个股在多空较量中，多方开始占据主导地位，股价在多方力量的推动下，向上打破箱体平衡。此时如果 KDJ 指标在 20 线下方的超卖区域拐头向上波动运行，或者发生低位金叉，则将进一步确认为上涨信号，投资者可以买入跟进。

股价向上突破箱体顶部时，投资者需要注意以下几点。

①股价向上突破箱体顶部时，需要结合 KDJ 指标综合分析，确认买点。

②股价向上突破箱体顶部后可能回档，在箱体顶部止跌企稳，确认向上突破的有效性，投资者可以在回档得到支撑，KDJ 指标同步发出买入信号时跟进。

③如果股价向上突破箱体顶部后多头力量不能继续，推动股价上涨，则股价将会再次回落至箱体内，一旦股价有效跌破箱体顶部，投资者应及时止损，尽快离场。

实例分析

晨鸣纸业（000488）股价向上突破箱体顶部 +KDJ 发出超卖信号

图 4-1 为晨鸣纸业 2020 年 4 月至 2021 年 1 月的 K 线走势。

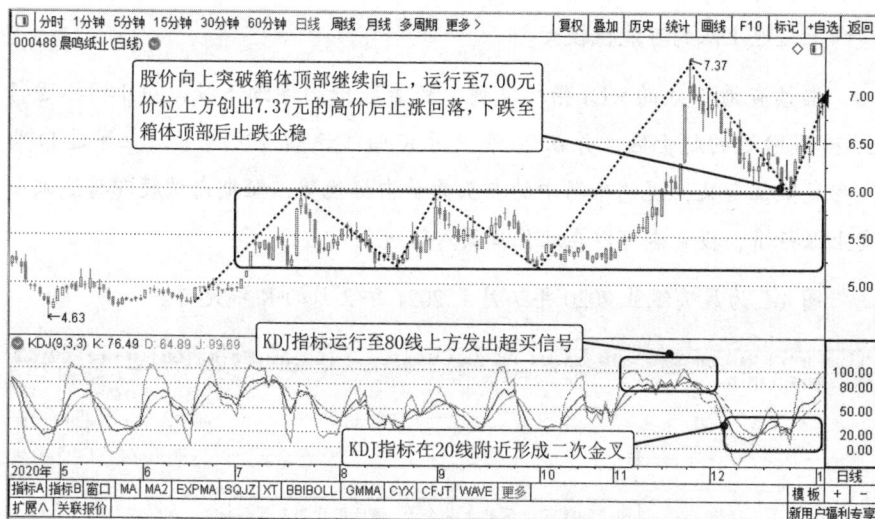

图 4-1　晨鸣纸业 2020 年 4 月至 2021 年 1 月的 K 线走势

从晨鸣纸业的 K 线走势可以看到，2020 年 5 月，股价从 5.00 元价位线下方的相对低位处向上震荡运行。股价上行至 6.00 元价位线附近后止涨，随后在 5.30 元至 6.00 元进行窄幅横向波动运行。股价上行至 6.00 元价位线附近后遇阻回落，下行至 5.30 元价位线附近时获得支撑而止跌回升，如此反复形成箱体运动，下方的 KDJ 指标则以 50 线为中心波动运行，说明此时市场中的多空双方暂时达成一种平衡状态。

2020 年 11 月下旬，股价再次向上运行至箱体顶部附近时，K 线连续上涨收出大阳线向上突破箱体顶部，将股价拉升至箱体上方，说明在这场多空博弈中多头胜出。那么是不是说明此时是投资者跟进买入的机会呢？

查看下方的 KDJ 指标发现，在股价向上突破箱体顶部时，KDJ 指标随着股价的上涨而同步上行，运行至 80 线上方的超买区，说明股价涨速过快，短期内可能会止涨回落，此时投资者不宜跟进。

接着股价继续向上，当股价上行至 7.00 元价位线上方，创出 7.37 元的高价后止涨回落，K 线连续收阴下跌。但是股价下行至箱体顶部 6.00 元价位线附近时止跌企稳，说明箱体顶部的压力作用此时转为了支撑作用，股价在此位置获得支撑而止跌，表明该股前期突破箱体顶部的有效性，后市股价继续向上表现上涨的可能性较大。

继续查看下方的 KDJ 指标发现，随着股价的连续下挫，KDJ 指标运行至 20 线附近的超卖区，并在 20 线附近 K 曲线连续两次自下而上穿过 D 曲线形成低位金叉，说明市场中的多头力量占据优势，短期内该股即将迎来一波上涨行情，投资者可以在此位置买入跟进。

图 4-2 为晨鸣纸业 2020 年 7 月至 2021 年 2 月的 K 线走势。

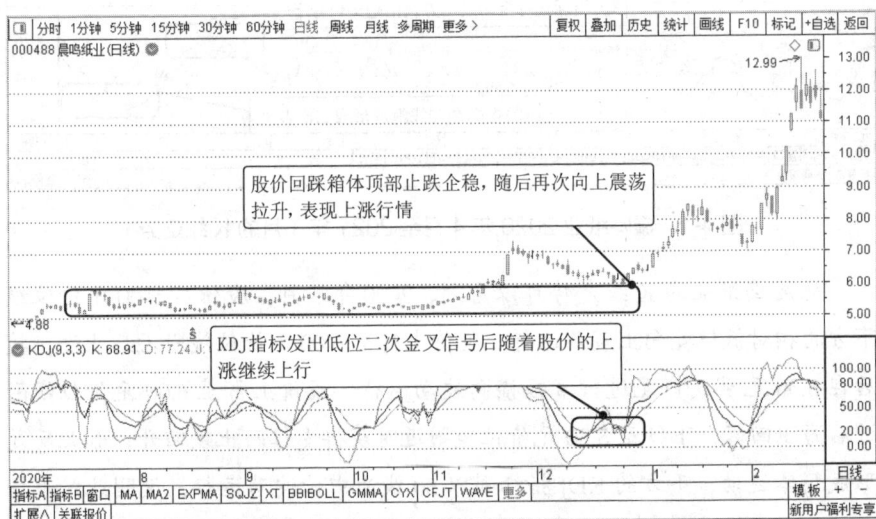

图 4-2　晨鸣纸业 2020 年 7 月至 2021 年 2 月的 K 线走势

从晨鸣纸业的后市 K 线走势可以看到，股价回踩箱体顶部获得支撑止跌企稳后再次拐头向上，表现震荡上行的上涨行情。

下方的 KDJ 指标在发出低位二次金叉信号后，也随着股价的上涨而继续上行，说明市场中的多头力量强劲，该股进入多头市场中，后市继续看涨。

4.1.2　股价向上突破前期高点 +DMI 指标分析

前期股价运行的高点是后市股价上涨的重要阻力位，这是因为当股价再次上行至前期高点附近时，投资者会在心理上产生高价区域或顶部区域意识，所以会对股价持续上行形成一定的压力。因此，股价向上突破前期高点，则该阻力位有可能就变成了未来股价上行的支撑位。

但是，股价向上突破前期高点并不一定是买入机会，也有可能是诱多陷阱，此时投资者可结合 DMI 指标确认买卖信号。如果 PDI 线在 MDI 线上方继续波动运行，说明场内的多头力量占据绝对优势，后市继续看涨，此时股价向上突破前期高点就是一个买点。

在实战中，股价向上突破前期高点时投资者需要注意以下几点。

①距离当前时间越近的高点其阻力越大，越远的高点其阻力越小。

②当股价向上有效突破前期高点，且下方 DMI 指标同步发出买入信号时，说明短期内股价继续上行的可能性较大，且涨速较快，偶有回抽，一旦确认也是买入机会。

③当股价向上突破前期高点后，很快又跌回到前期高点之下时，投资者应立即止损出局。

④前期高点可以是上升趋势中数月前、数星期前、数日前的高点，也可以是股价在以前下跌趋势中反弹所形成的高点。

实例分析

诺德股份（600110）股价向上突破前期高点 +PDI 线位于 MDI 线上方

图 4-3 为诺德股份 2020 年 6 月至 2021 年 7 月的 K 线走势。

从诺德股份的 K 线走势情况可以看到，该股前期从 4.00 元价位线附近的低位区域向上震荡拉升，在 2021 年 1 月中旬，股价上涨至 12.00 元价位线附近后止涨回落，转入下跌走势中，并在 12.00 元价位线附近形成阶段性高点压力位。

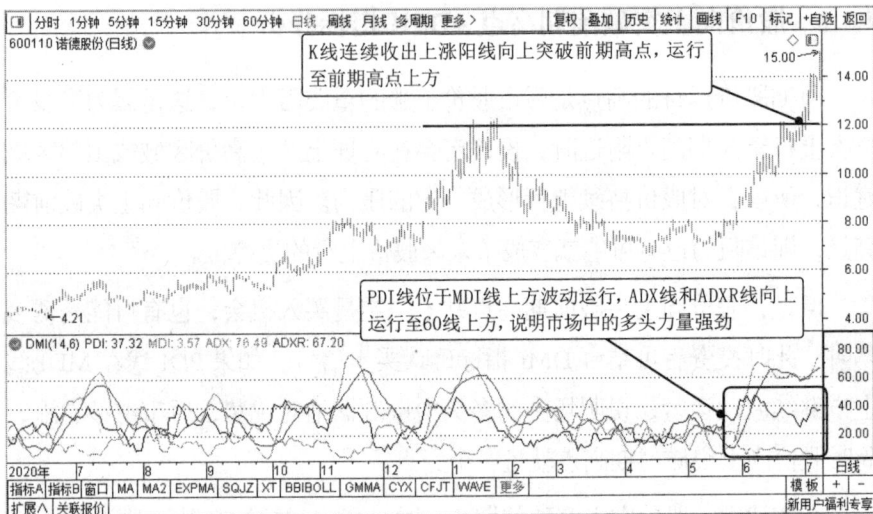

图 4-3　诺德股份 2020 年 6 月至 2021 年 7 月的 K 线走势

2021 年 3 月中旬，股价下跌到 7.00 元价位线后止跌，随后进入横盘走势。5 月下旬，股价再次向上震荡拉升，当股价上行至前期高点 12.00 元价位线附近时，再次遇阻滞涨横盘整理运行，说明该价位上方存在较大压力。

2021 年 7 月初，K 线连续收出上涨阳线向上突破前期高点，并运行至高点上方继续上行。此时下方的 DMI 指标中，PDI 线位于 MDI 线上方，ADX 线和 ADXR 线则继续向上运行至 60 线上方。说明市场中的多头力量强劲，该股上涨趋势强烈，且没有出现转势迹象，短期内股价继续向上攀升，表现上涨走势的可能性较大，投资者可以在此位置跟进。

图 4-4 为诺德股份 2020 年 12 月至 2021 年 9 月的 K 线走势。

从诺德股份的后市走势可以看到，当 K 线向上突破前期高点后，该股继续表现震荡向上的拉升行情，且涨势稳定。而下方的 DMI 指标中的 PDI 线则始终维持 MDI 线上方波动运行，说明上涨动力较强，投资者可以持续持股。在 MDI 指标中 MDI 线自下而上突破 PDI 线运行至 PDI 线上方之前，投资者都可以持续做多。

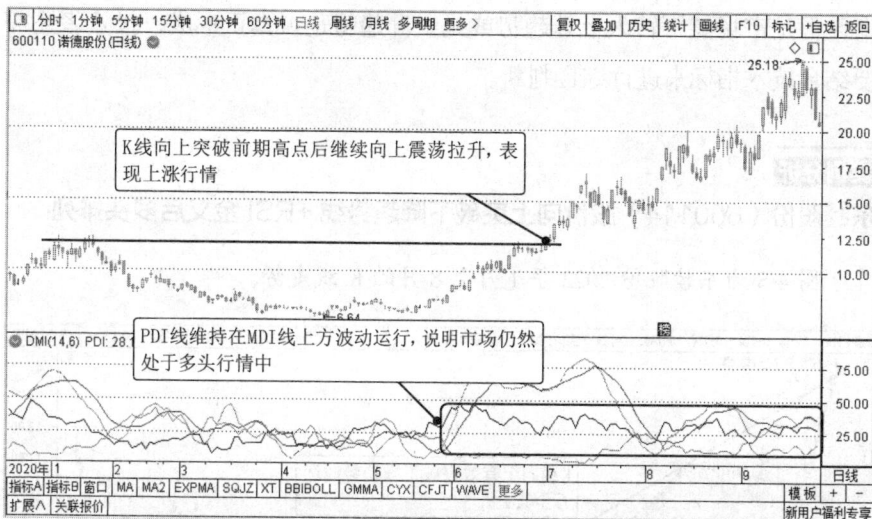

图 4-4　诺德股份 2020 年 12 月至 2021 年 9 月的 K 线走势

4.1.3　股价向上突破下降趋势线 +RSI 指标分析

个股处于震荡下行的下跌趋势之中，股价在下降趋势线下方运行。下降趋势线具有压制作用，每次股价反弹回升至下降趋势线附近时便受到压制而止涨下行。当股价向上有效突破下降趋势线运行至趋势线上方时，说明个股这一波下跌趋势已经结束。

与此同时，若 RSI 指标中的短期 RSI 自下而上穿过中长期 RSI 形成金叉，则说明市场由弱走强，进一步说明下跌已经结束。若金叉之后 RSI 指标继续上行发散形成多头排列，则说明行情已经进入多头市场中，后市看涨，投资者可持股做多。这里需要注意的是，若股价向上突破下降趋势线后，RSI 指标围绕 50 线上下波动，那么股价可能转入横向震荡市场。

通常来说，时间越长的下降趋势线被突破后，其意义越大，后市股价上升的空间也就越大。即便是短线操作，分析的下降趋势线突破也应以较长下降趋势突破为主，这样信号更准确。

总的来说，股价向上突破下降趋势线时，表明当前市场的下跌趋势结束，但是市场能否转入上升趋势或是上升趋势是否真正形成，投资者还需要结合技术指标来进行综合判断。

实例分析

东睦股份（600114）股价向上突破下降趋势线 +RSI 金叉后多头排列

图 4-5 为东睦股份 2022 年 1 月至 8 月的 K 线走势。

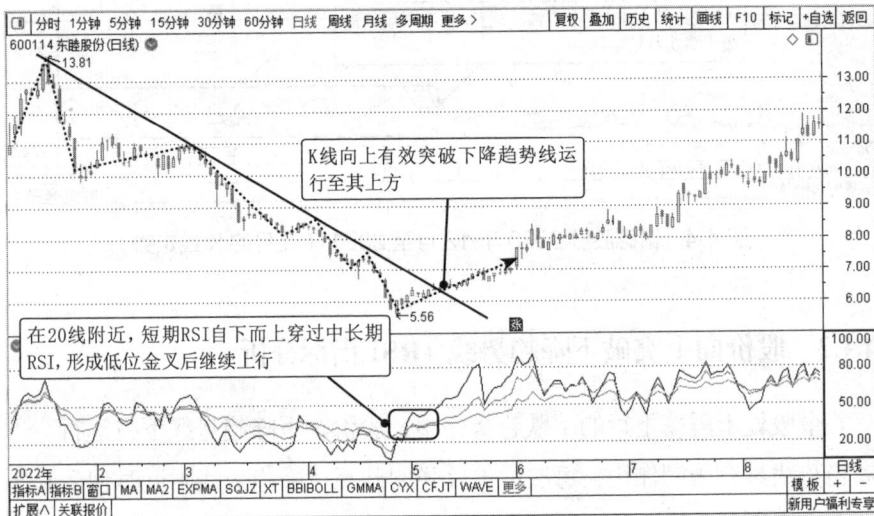

图 4-5 东睦股份 2022 年 1 月至 8 月的 K 线走势

从东睦股份的 K 线走势可以看到，该股前期处于震荡下行的下跌趋势之中，根据股价下行过程中反弹回升的高点绘制一条下降趋势线。下降趋势线对股价反弹具有压力作用，当股价反弹回升至下降趋势线附近时遇阻而止涨回落。

2022 年 4 月底，股价下行至 6.00 元价位线附近止跌，再次反弹回升，K 线连续收出阳线向上拉升股价，当股价上行至下降趋势线附近后并未止涨而是继续向上突破，运行至下降趋势线上方。

此时查看下方的 RSI 指标发现，RSI 指标随着股价的下行同步运行至 20 线附近的低位区域，随着股价止跌回升，RSI 指标也同步拐头向上，且在 20 线附近短期 RSI 自下而上穿过中长期 RSI 形成低位金叉，说明随着股价的连续下跌，场内的空头力量被消耗殆尽，而多头力量却逐渐聚集。接着 RSI 指标继续上行，且短期 RSI、中期 RSI 和长期 RSI 自上而下依次排列，说明市场中的多头占据绝对优势，该股短期内将迎来一波上涨行情，此时投资者可以买入，持股待涨。

实例分析

中体产业（600158）股价向上突破下降趋势线 +RSI 围绕 50 线上下波动

图 4-6 为中体产业 2021 年 12 月至 2022 年 9 月的 K 线走势。

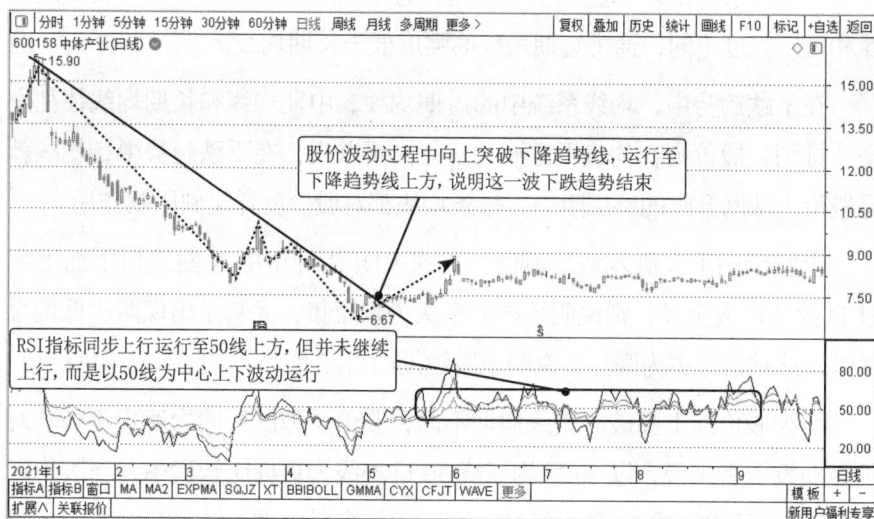

图 4-6　中体产业 2021 年 12 月至 2022 年 9 月的 K 线走势

从中体产业的 K 线走势情况可以看到，前期该股处于震荡下行的弱势行情中，根据股价下行时反弹回升的高点绘制一条下降趋势线，股价在下降趋势线下方波动下行，表现弱势。

2022 年 4 月底，股价下行至 7.50 元下方，创出 6.67 元的新低后止跌企稳，在横盘波动运行的过程中向上突破了下降趋势线的压制，并运行至下降趋势线上方，说明该股这一轮下跌趋势结束。

此时查看下方的 RSI 指标发现，RSI 指标随着股价的止跌同步回升，从 50 线下方的弱势区域运行至 50 线上方，并且快速上冲到 80 线上方，但很快便下行，以 50 线为中心上下波动运行。说明尽管该股的这一波下跌行情结束，但是场内的多头力量并不强劲，场内的多空双方处于一种平衡状态，没有绝对的强弱之分，该股后市走势不明。投资者应以场外持币观望为主，不可在股价向上突破下降趋势线时便贸然入场，否则将面临长期被套的尴尬境遇。

4.1.4　股价向上突破均线压制 +KDJ 指标分析

在上升趋势中，均线对股价的回落可以起到支撑作用，而在下跌趋势中又可以对股价的反弹起到压力作用，且不同周期的均线，其对股价的支撑和压制强度不同，通常短期均线的强度低于长期均线。

在下跌趋势中，均线系统中的短期均线、中期均线和长期均线往往呈空头排列，股价则在均线下方波动运行。可以说，在下跌趋势中，均线就是股价上涨回升时的层层阻力，每条均线都对股价反弹起到压制作用。

当股价向上突破均线压制时，如果 KDJ 指标中的 K 曲线自下而上穿过 D 曲线形成金叉，则说明场内的多头力量聚集，尤其是出现两次低位金叉时，这种信号更为强烈，说明个股短期内可能迎来一波反弹或上涨行情。

因为股价向上突破的均线周期不同，股价反弹回升的力度也不同。对于短期投资者来说，以 20 日均线或 30 日均线为目标比较适中，当股价向上突破 20 日均线或 30 日均线时，往往预示个股中期下跌趋势结束。如果此时下方 KDJ 指标出现二次金叉，则说明新一轮的中期上升行情即将启动，此时投资者可根据投资计划进行买入。

实例分析

中远海能（600026）股价向上突破 20 日均线 +KDJ 低位二次金叉

图 4-7 为中远海能 2022 年 11 月至 2023 年 2 月的 K 线走势。

从中远海能的 K 线走势情况可以看到，股价从 20.00 元价位线上方的相对高位区域下跌，依次跌破短期均线、中期均线和长期均线，随后在均线下方波动下行，表现为下跌行情。

2022 年 12 月下旬，股价运行至 12.00 元价位线附近后跌势减缓，并在 12.00 元价位线上横盘整理运行，此时 5 日均线、10 日均线逐渐走平交织运行。

2023 年 1 月 12 日，K 线收出一根上涨大阳线，将股价拉升至 13.00 元的同时，也向上突破 20 日均线，说明该股中期下跌趋势结束，后市可能迎来一波上涨走势。

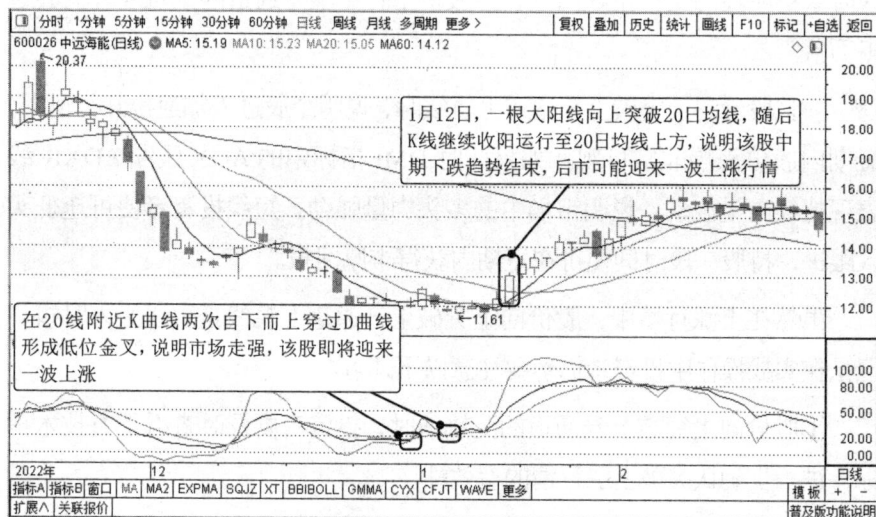

图 4-7　中远海能 2022 年 11 月至 2023 年 2 月的 K 线走势

此时查看下方的 KDJ 指标发现，KDJ 指标随着股价的下行运行至 20 线附近低位区域，当股价止跌企稳时，KDJ 指标中的 K 曲线自下而上穿过 D 曲线，在 20 线附近形成两次低位金叉，说明市场中的多头动力十足，短期内将向上表现上涨行情。

对于短线投资者来说，结合股价上穿 20 日均线和 KDJ 低位二次金叉信号，投资者可以在此位置买入跟进持股待涨。

从该股后市的 K 线走势也可以看到，当股价向上突破 20 日均线后，K 线继续收出连续阳线向上拉升股价。尽管股价上涨至 15.50 元价位线附近便滞涨横盘，但是对于短线投资者来说，十几个交易日的时间获得近 29% 的涨幅收益，也是不错的。

4.1.5　股价突破上升通道上轨线 +DMI 技术指标分析

在上涨行情中，上升通道的绘制比较简单，先找到股价上升过程中的两个低点绘制一条上升趋势线，然后画出与上升趋势线平行的另一条直线，且直线要穿过股价上行时的高点。

股价在上升通道内有规律的波动运行，当股价回落到上升通道的下轨线时获得明显的支撑止跌回升，当股价上行至上升通道的上轨线时又会遇阻回落。

一旦股价向上突破上升通道上轨线时，说明个股进入加速拉升行情中，短期内股价涨幅非常可观。如果此时 DMI 指标中的 ADX 线和 ADXR 线表现持续向上波动，说明市场中的多头力量强劲，短线投资者便可逢低买入跟进，持股一段时间便可在短期内获得丰厚回报。

虽然在上涨行情中，股价向上突破上升通道上轨线是短线买入时机，但是在实战操作中投资者仍然要注意以下几点。

①股价向上突破上升通道的上轨线时，投资者要及时查看下方技术指标，进一步确认突破上涨行情的有效性。

②股价向上突破上升通道上轨线是股价加速上涨的信号，但同时股价也可能进入上涨趋势末期，所以向上拉升持续的时间一般不会太长，投资者需要注意及时离场。

实例分析

万华化学（600309）股价向上突破上升通道上轨线 +PDI 线位于 MDI 线上方

图 4-8 为万华化学 2020 年 6 月至 2021 年 2 月的 K 线走势。

从万华化学的 K 线走势情况可以看到，该股处于震荡向上的上涨趋势之中，且表现出规律上行的走势。连接股价波动上行时候的低点连线绘制上升趋势线，然后画出与上升趋势线平行的另一条直线，且直线要穿过股价上行时的高点，形成上升通道。可以看到，股价在上升通道内波动上行，运行至上升通道上轨线附近时遇阻回落，下行至上升通道下轨线附近时获得支撑止跌反弹，如此反复。

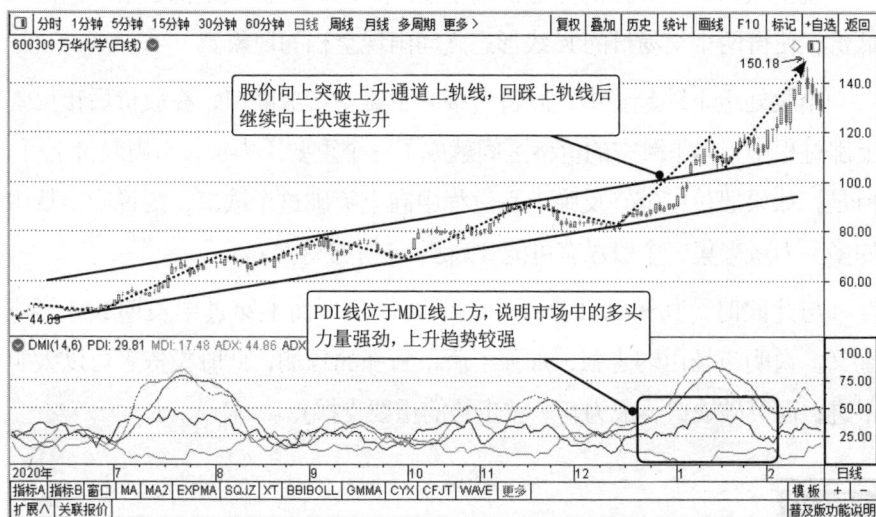

图 4-8　万华化学 2020 年 6 月至 2021 年 2 月的 K 线走势

2020 年 12 月中旬，股价运行至上升通道下轨线附近再次止跌回升，当股价运行至上升通道上轨线附近时，K 线收出连续上涨阳线向上突破上轨线，虽然股价运行至 120.00 元价位线附近时止涨回踩上轨线，但在上轨线位置获得支撑止跌企稳，说明前期股价突破上轨线是有效突破。此时，查看下方的 DMI 指标发现，PDI 线位于 MDI 线上方波动运行，说明股价上涨势头强劲。

结合 K 线走势和 DMI 指标发出的信号来看，短期内该股极有可能迎来一波快速大幅拉升行情，投资者可以在股价回踩上轨线时买入跟进。

从万华化学的后市 K 线走势来看，股价回踩上轨线止跌企稳后再次向上波动攀升，且在短短几个交易日的时间内将股价拉升至 150.00 元价位线附近，涨势猛烈。但在创出 150.18 元的新高后股价止涨，K 线连续收出下跌阴线，此时投资者应快速清仓出局，锁定前期收益。

4.1.6 股价上行突破向下跳空缺口 +RSI 指标分析

跳空缺口是指股票的开盘价高于前一天的最高价或是低于前一天的最低价，使得两个交易日的 K 线形态之间出现空档的现象。

个股处于下跌趋势中，股价直接向下跳空形成缺口，在股价后市反弹上涨过程中，向下跳空的价格区间就成了一个重要压力位，阻碍股价上行。但是，如果股价能够在反弹上涨过程中向上突破这个缺口，则说明市场中的多头力量聚集，个股极有可能开启新一轮拉升行情。

与此同时，如果 RSI 指标的短期 RSI 自下而上穿过中长期 RSI 形成金叉，说明市场由弱走强，加强了后市看涨的预测，此时投资者可以大胆跟进，而突破缺口将成为新一波走势的重要支撑点。

实例分析

生物股份（600201）股价向上突破缺口压力位 +RSI 金叉

图 4-9 为生物股份 2022 年 4 月至 2023 年 2 月的 K 线走势。

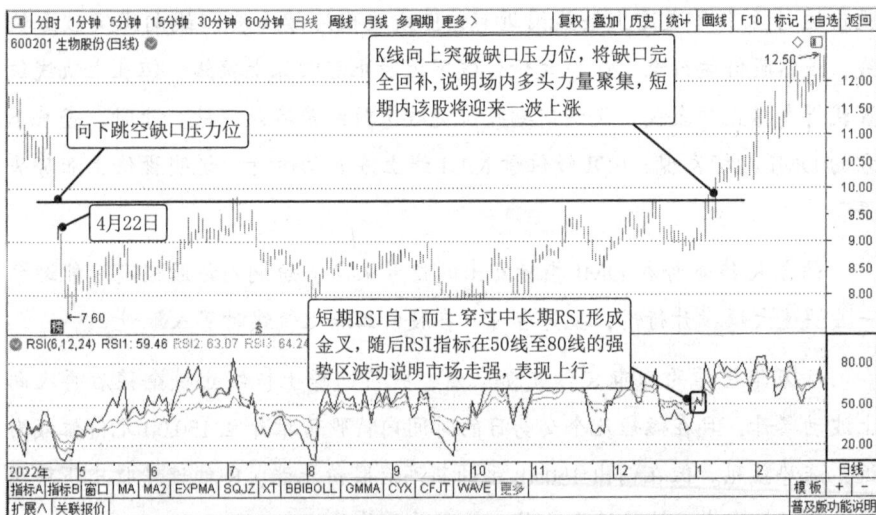

图 4-9　生物股份 2022 年 4 月至 2023 年 2 月的 K 线走势

从生物股份的 K 线波动情况可以看到，2022 年 4 月中旬，股价运行至

10.50 元价位线附近后跌势减缓，2022 年 4 月 22 日，该股突然向下跳空低开，收出一根倒 T 字线，在 K 线走势图中形成一个向下跳空的缺口，表明股票近期行情走弱，该缺口就成了后市股价反弹回升的重要压力位。

在后市的股价波动中，2022 年 7 月上旬、11 月中旬和 12 月中旬，股价三次向上发起冲击，上行至缺口压力位附近均遇阻回落，说明缺口位置的压力较重，难以向上突破。

2023 年 1 月初，股价再次向上发起冲击，运行至缺口压力位附近时 K 线收出上涨阳线向上有效突破缺口，说明场内多头力量强劲，向上拉升股价的意愿强烈。

此时查看下方的 RSI 指标发现，RSI 指标从 50 线下方的弱势区拐头向上，在 50 线上时，短期 RSI 自下而上穿过中长期 RSI 形成金叉，说明场内多头力量增强，为买入信号，投资者可以买入跟进。此外，RSI 金叉出现后，RSI 指标继续向上，随后维持在 50 ～ 80 线的强势区间内波动运行，说明市场中的多头力量具有明显优势，该股表现上涨行情。

4.2　K 线跌破重要支撑技术指标发出卖出信号

在上升趋势之中，投资者最难以判断的就是见顶回落与上升途中的回调，一旦判断失误，既有可能让自己损失投资收益，还有可能让自己被套高位。所以，此时投资者应从支撑的角度考虑，当股价跌破重要支撑位时，如果下方的技术指标同步发出卖出信号，则坚决离场。

4.2.1　股价向下跌破整理平台 +RSI 指标分析

股价在经过一番上涨拉升后运行至相对高位区域止涨横盘整理运行，使得股价被限定在一定范围内窄幅波动，因此形成一个价格平台。当股价突然下行，并向下跌破整理平台时，说明场内的多头力量衰竭，难以继续支撑股价上行，个股短期内将表现下跌行情。如果 RSI 指标也随着股价的下跌而向下运行，并向下跌破 50 线，发出市场由强转弱的转势信号，那么投资者就不要再对后市走势抱有幻想了，应立即离场才是正确决定。

当股价跌破高位整理平台时，投资者需要注意以下几点。

①跌破之前，股价一定要出现一段明显的横盘整理平台走势。

②股价下行跌破整理平台后，有时候会在短时间内又反弹到平台低点附近，然后再次向下，此时可确认跌破为有效跌破，投资者应立即离场。

实例分析

中天科技（600522）股价向下跌破整理平台 +RSI 下穿 50 线

图 4-10 为中天科技 2022 年 5 月至 12 月的 K 线走势。

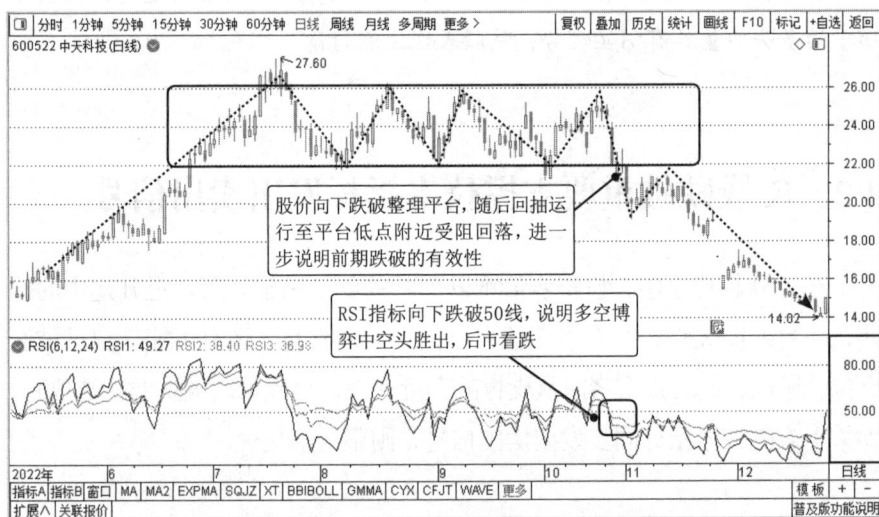

图 4-10　中天科技 2022 年 5 月至 12 月的 K 线走势

从中天科技的 K 线波动情况可以看到，2022 年 7 月中旬，经过一番拉升后股价运行至 26.00 元价位线上方，在创出 27.60 元的新高后止涨回落，但跌幅并不深，在股价下行至 22.00 元价位线附近后便止跌回升，随后股价保持在 22.00 元至 26.00 元横盘窄幅波动运行，形成高位整理平台。说明市场中的多头动能经过前面的拉升被大量消耗，且场外流入资金有限，难以推动股价继续向上，以至于多空双方僵持不下，后市走势不明。

2022 年 10 月下旬，股价下行跌破整理平台，随后股价回抽运行至平台下边线附近后便受阻，进一步确认前期跌破的有效性。此时查看下方的 RSI 指标发现，前期股价高位整理运行时，RSI 指标以 50 线为中心，上下波动运行，场内多空达成平衡状态。当股价下行跌破平台时，RSI 指标向下跌破 50 线，运行至 50 线下方，且长期 RSI、中期 RSI、短期 RSI 三线自上而下呈空头排列，说明在这场多空博弈中空头胜出，结束平衡状态，该股短期内将转入下跌趋势之中。

从后市走势来看，RSI 指标向下跌破 50 线后继续向下波动，随后维持在 50 线下方的弱势区域内波动运行，说明市场处于空头市场中，表现弱势行情。上方股价则向下快速下挫，如果前期投资者不能及时离场，将面临重大的经济损失。

4.2.2　股价跌破波谷支撑 +KDJ 指标分析

在上升趋势中，将股价逐浪上行过程中止跌回升形成的波谷称为"支撑"，将股价止涨回落时形成的波峰称为"阻力"。股价的支撑水平和阻力水平都呈现出逐步上升的态势。

当股价止涨回落跌破前一波谷的支撑时，说明场内的空头力量强劲，该股短期可能下跌势头比较猛烈，后市可能迎来一波快速下挫的下跌行情。

与此同时，如果 KDJ 指标也突然拐头向下，且 K 曲线自上而下穿过 D 曲线形成高位死叉，更加证明了市场中的空头力量确实强劲，那么短线投资者应注意离场规避下跌行情，图 4-11 为股价跌破前期波谷支撑。

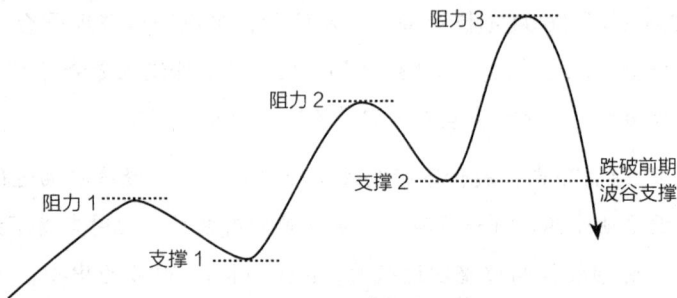

图 4-11　股价跌破前期波谷支撑

　　需要注意的是，这一方法比较适合短线投资者，因为股价在上升过程中出现回调跌破前期波谷的支撑，是比较常见的情况，但是可能此时整个行情并没有转势，而是仍然处于上涨趋势中。这种情况对于中长线投资者来说属于正常的波动，并不影响收益，但是对短线投资者来说，需要承担由于下跌带来的亏损风险。

实例分析

东阳光（600673）股价跌破波谷支撑 +KDJ 高位死叉

　　图 4-12 为东阳光 2022 年 4 月至 9 月的 K 线走势。

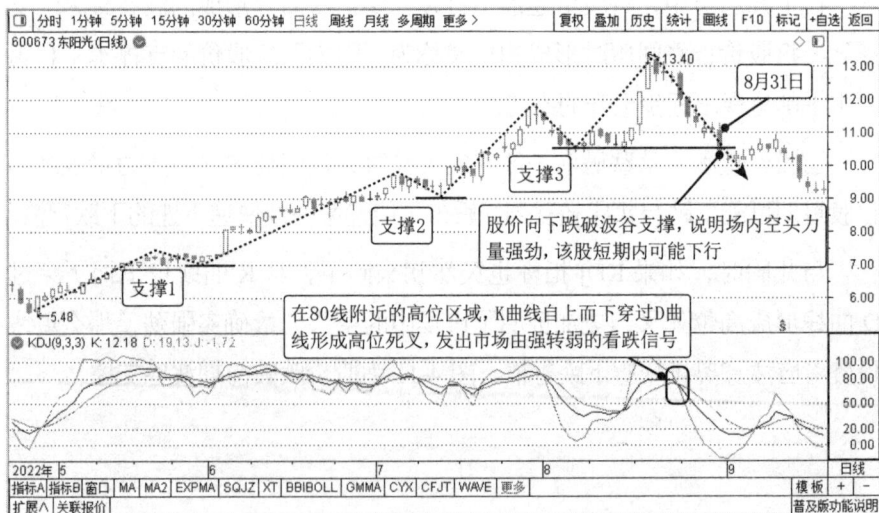

图 4-12　东阳光 2022 年 4 月至 9 月的 K 线走势

从东阳光的 K 线波动情况可以看到，该股股价处于波动上行的上涨趋势之中。在上升过程中，股价的支撑水平逐步增强，推动股价向上。

2022 年 8 月下旬，股价在 13.00 元价位线上方创出 13.40 元的新高后止涨回落，运行至前期波谷低点支撑位时获得支撑而跌势减缓，并在 11.00 元价位线上横盘。

但是，在 2022 年 8 月 31 日，K 线收出一根下跌大阴线，将股价拉低至 10.00 元价位线附近，同时跌破前期波谷支撑，说明场内空头力量强劲，下跌势头较强。

与此同时，查看下方的 KDJ 指标发现，KDJ 指标在股价运行至 13.00 元价位线滞涨后，也在 100 线上方的高位区域拐头下行，之后在 80 线下方 K 曲线自上而下穿过 D 曲线形成高位死叉，说明空头力量聚集，该股短期内将迎来一波下跌行情。综合判断，场内投资者应尽快离场。

图 4-13 为东阳光 2022 年 8 月至 2023 年 5 月的 K 线走势。

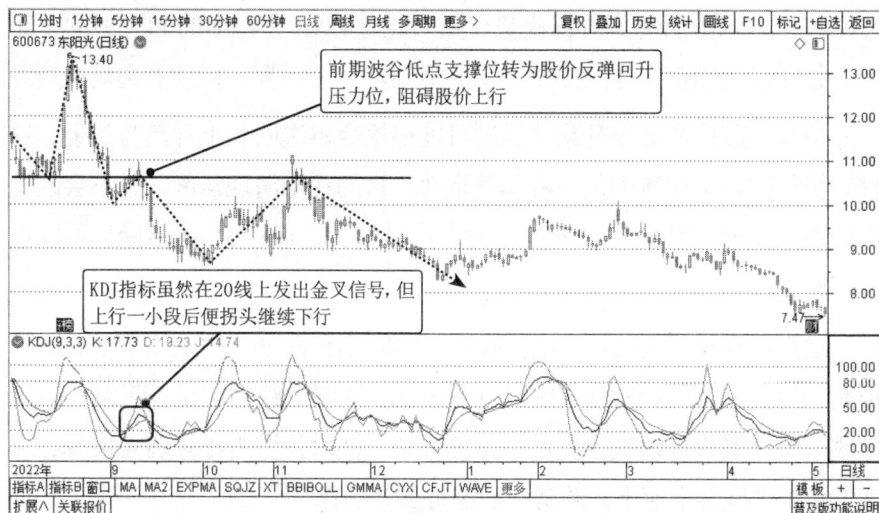

图 4-13　东阳光 2022 年 8 月至 2023 年 5 月的 K 线走势

从东阳光后市的 K 线波动情况可以看到，股价向下跌破前期波谷支撑位后不久，再次向上拉升但运行至前期波谷低点附近便遇阻回落，说明前期波谷低点支撑位转为股价反弹回升压力位，阻碍股价上行。

在股价回升向上的过程中，下方的 KDJ 指标虽然在 20 线上发出了金叉信号，但是 KDJ 上行一小段之后立即拐头继续下行，说明此时场内的多头力量较弱，难以抵挡空头力量，后市继续看跌。

在之后的股价波动中，该股在 10 月再次出现反弹向上冲击阻力位的走势，但是由于上方阻力过重而受阻向下，继续表现空头行情。对于投资者来说，K 线没有出现转势迹象，KDJ 指标没有发出买入信号之前，都不要贸然入场。

4.2.3　股价跌破上升趋势线 +DMI 指标分析

个股处于逐浪上行的上升趋势，连接股价回调时的低点即可绘制上升趋势线，该趋势线对股价起到支撑作用，当股价回调至上升趋势线附近时可获得支撑而止跌企稳，继续表现上涨。

当股价向下跌破上升趋势线时，说明个股的这一波上升趋势很可能已经结束，市场中的空头占据优势。如果此时 DMI 指标中的 PDI 线向下穿过 MDI 线，发出后市看空的信号，则投资者不要迟疑，应注意离场躲避。

但是，股价跌破上升趋势线后可能很快会再次回到上升趋势线上，这种走势往往是上涨途中是一种调整走势，目的在于清理浮筹，并不会改变个股整个上升趋势的运行方向。对于这种情况，通过 DIM 指标也可以进行判断。

通常，在股价跌破上升趋势线后，DIM 指标的 PDI 线会下穿 MDI 线，但是如果此时 ADX 值不断减小向下运行，说明下跌趋势正在衰减，后市下跌有限，股价很快就会止跌，重拾升势，此时投资者不要着急出局，可在股价止跌回升上穿上升趋势线后进行加仓操作。

实例分析

东望时代（600052）股价下行跌破上升趋势线 +PDI 线下穿 MDI 线

图 4-14 为东望时代 2021 年 2 月至 2022 年 3 月的 K 线走势。

从东望时代的 K 线波动走势可以看到，该股处于震荡拉升的上涨趋势之中，股价从 2.50 元下方的相对低位区域向上逐浪攀升。连接股价波动上行时的低点即可绘制一条上升趋势线，可以看到股价在趋势线的支撑作用下向上稳定运行，说明该条上升趋势线为有效的趋势线。

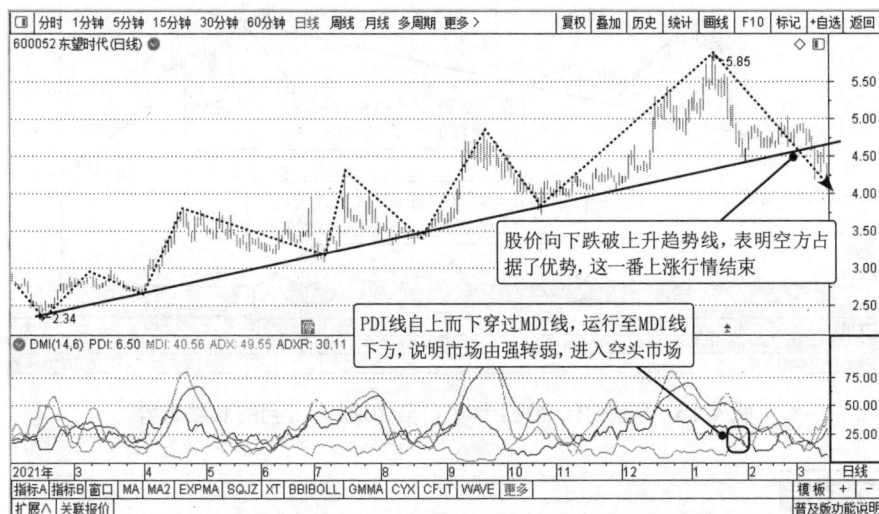

图 4-14　东望时代 2021 年 2 月至 2022 年 3 月的 K 线走势

2022 年 1 月中旬，股价上行至 5.50 元价位线上方创出 5.85 元的新高后止涨回落，当股价下行至上升趋势线附近时获得止跌企稳，并在趋势线附近整理运行。

2022 年 3 月中旬，股价跌破上升趋势线运行至趋势线下方，说明市场中的空头力量强劲，该股的这一番上涨行情结束，短期内股价可能迎来一波下跌。此时查看下方的 DMI 指标可以看到，前期 PDI 线在 MDI 线上方波动运行。但在 2022 年 1 月下旬，随着股价下行到上升趋势线附近整理时 PDI 线就下行穿过 MDI 线运行至 MDI 线下方，说明市场中的上升动力不足，多头力量转弱，后市股价可能转入空头市场中，为卖出信号。

图 4-15 为东望时代 2021 年 7 月至 2022 年 5 月的 K 线走势。

从东望时代后市的 K 线波动情况可以看到，股价向下跌破上升趋势线后继续向下。PDI 线穿过 MDI 线后长时间维持在 MDI 线下方波动运行，说明市场中的空头力量强劲，下跌动力较强，该股处于震荡下行的弱势行情中。

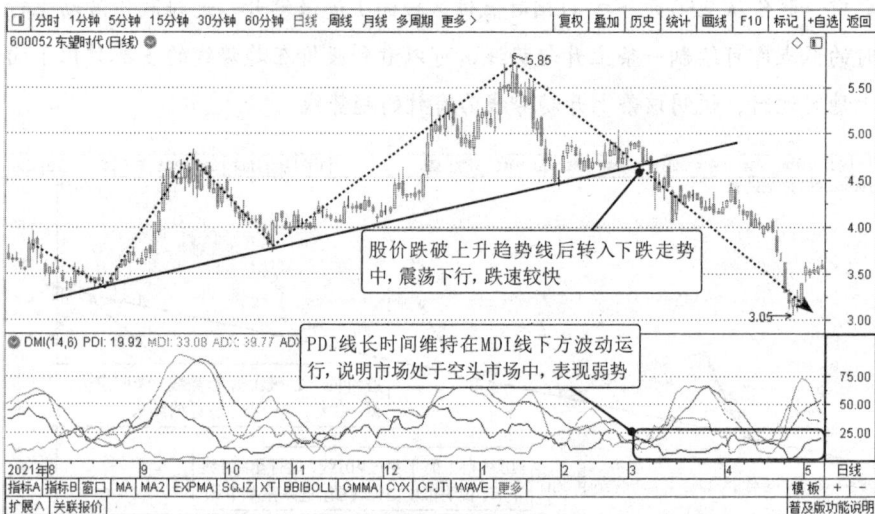

图 4-15　东望时代 2021 年 7 月至 2022 年 5 月的 K 线走势

实例分析

中盐化工（600328）股价下行跌破上升趋势线 +ADX 线下行

图 4-16 为中盐化工 2021 年 5 月至 8 月的 K 线走势。

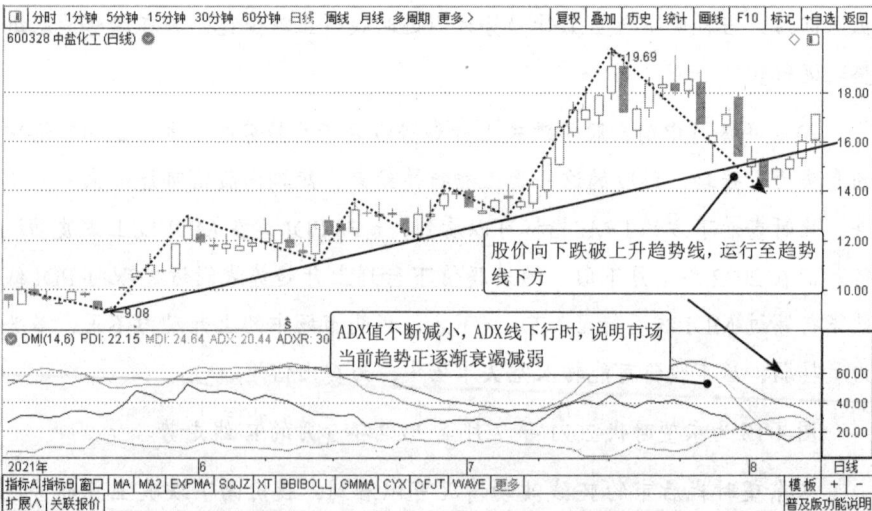

图 4-16　中盐化工 2021 年 5 月至 8 月的 K 线走势

从中盐化工的 K 线波动走势可以看到，该股处于逐浪上行的上涨行情中，连接股价波动时的低点可绘制一条上升趋势线。

2021 年 7 月中旬，股价上行至 18.00 元价位线上方，在创出 19.69 元的高价后止涨回落，当股价再次下行至上升趋势线附近时并未止跌，而是继续下行跌破上升趋势线，运行至趋势线下方。那么，这是否意味着该股这一波上涨行情结束，后市转入空头市场中了呢？

我们进一步查看下方的 DMI 指标发现，在股价下行跌破上升趋势线的过程中，此时的 ADX 值却不断减小，ADX 指标线向下运行，说明市场当前的下跌趋势正逐渐衰竭减弱，该股下跌有限。

图 4-17 为中盐化工 2021 年 5 月至 9 月的 K 线走势。

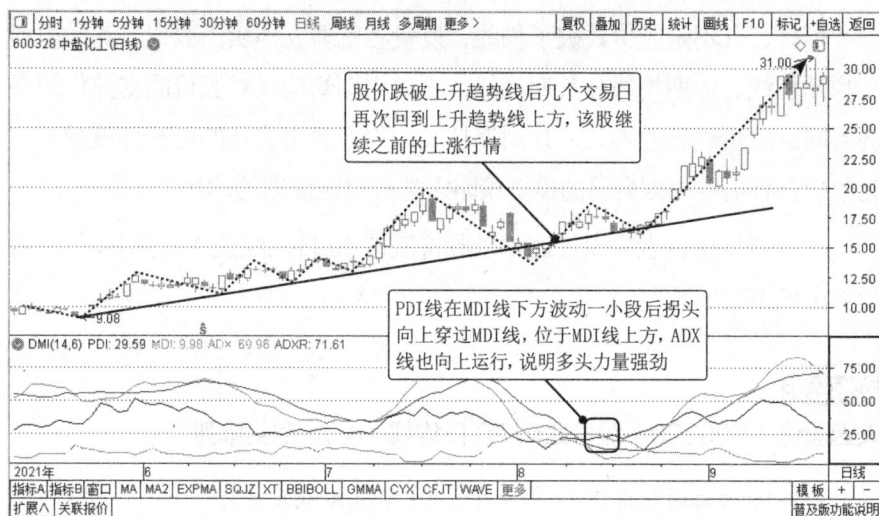

图 4-17　中盐化工 2021 年 5 月至 9 月的 K 线走势

从中盐化工后市的 K 线走势情况可以看到，股价跌破上升趋势线几个交易日之后再次向上拉升重新回到上升趋势线上方，说明该股的上涨行情并未发生改变，之前的跌破为无效跌破。

同时，下方的 PDI 线在 MDI 线下方短暂波动一段后，PDI 线再次上穿 MDI 线运行至其上方，且 ADX 线上行，说明市场中的多头力量强劲，股价上涨动力十足，后市继续看涨，此时投资者便可根据自身的操作情况执行加仓操作，继续持股待涨。

2021 年 8 月下旬，股价再次止涨回落，运行至上升趋势线附近后，获得支撑止跌企稳，再次向上攀升，说明该股的这条上升趋势线并未失效，对股价的上涨仍然起到支撑作用。

4.2.4　股价跌破均线支撑 +KDJ 指标分析

在上涨行情中，当股价跌破均线时，意味着市场中的卖单较大，此时充当支撑作用的均线也失效，发出市场走弱的信号。如果此时 KDJ 指标也呈现出空头排列形态，则再次确认市场由强走弱的转变。

但是，并不是股价跌破了均线，投资者就要立即卖出股票，均线中存在短期均线、中期均线和长期均线，不同周期的均线对股价的支撑作用强弱不同。股价跌破的均线，其周期越长，那么卖出信号的可靠性就越高，此时投资者需要根据自己的投资策略来选择对应周期的均线。

对于短线投资者来说，通常以股价跌破 10 日均线或 20 日均线作为判断卖出依据比较适合。

实例分析

天通股份（600330）股价跌破 20 日均线 +KDJ 空头排列

图 4-18 为天通股份 2022 年 4 月至 10 月的 K 线走势。

从天通股份的 K 线波动情况可以看到，该股在 4 月底创出 7.14 元的新低后止跌企稳，之后股价从相对低位处开始向上攀升，涨势稳定。

股价在上升过程中，5 日均线、10 日均线和 20 日均线在 5 月底发散开来，呈现多头排列，表明市场处于强势拉升的上涨行情中，股价位于均线上方，在均线的支撑下向上稳定运行。

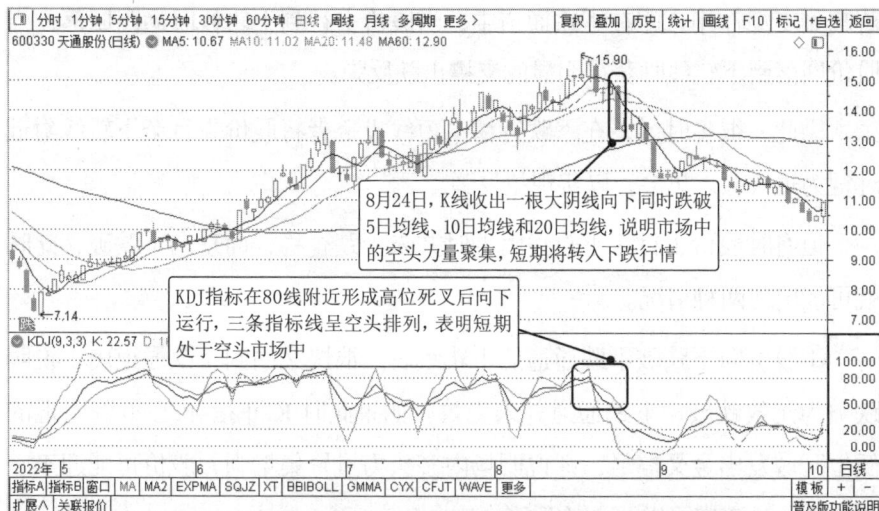

图 4-18 天通股份 2022 年 4 月至 10 月的 K 线走势

2022 年 8 月下旬，股价上行至 15.00 元价位线上方后创出 15.90 元的新高便止涨回落。8 月 24 日，该股收出一根跌停大阴线同时向下跌破 5 日均线、10 日均线和 20 日均线，说明市场中的空头力量聚集占据优势。

此时查看下方的 KDJ 指标发现，KDJ 指标前期随着股价的上涨而同步运行至 80 线附近的高位区域，在股价创出最高价后也跟随拐头下行，三条曲线呈空头排列，表明短期处于空头市场中。

通过以上两方面的分析可以判断，该股即将转入下跌走势中，投资者可以在股价向下跌破 5 日均线、10 日均线和 20 日均线的当天抛售手中持股。

4.2.5 股价跌破下跌通道下轨线 +KDJ 指标分析

下跌通道的绘制与上升通道的绘制相似，是在下跌行情中，先找到股价下跌反弹过程中的两个高点绘制一条下降趋势线，然后画出与下降趋势线平行的另一条直线，且直线要穿过股价回落时的低点。

下跌通道的上轨线对股价的反弹起到压制作用，而下轨线对股价的回落起到支撑作用，即在下跌通道中，当股价上行到上轨线时遇阻回落，当股价回落到下轨线时获得明显的支撑止跌反弹。

因此，很多时候，在下跌行情中短线投资者将股价下行至下轨线附近时视为短线买入机会，以实现抢反弹。

但有时股价下行至下轨线附近时并未止跌企稳，而是向下跌破，此时就可能出现两种情况。

①股价向下跌破下跌通道的下轨线后，很快又回到下跌通道内，说明跌破为无效跌破，下跌通道并未失效。如果此时 KDJ 指标在 20 线附近的低位区域发出金叉信号，则说明场内多头力量聚集增强，股价可能迎来一波拉升，投资者可以买入抢反弹。

②股价向下跌破下跌通道的下轨线后持续向下运行，说明跌破为有效跌破。如果此时 KDJ 指标在 50 线下的弱势区域继续向下，并跌破 20 线，发出极度弱势信号，则预示后市股价将进一步下行，行情进入加速下跌走势中。

需要注意的是，股价前期经过一轮下跌行情后，突然加速下行，说明个股距离底部不远，投资者可以场外持币观望。当股价止跌企稳筑底，下方技术指标同步发出转势信号后再建仓买进。

实例分析

厦门钨业（600549）股价跌破下轨线 +KDJ 低位金叉

图 4-19 为厦门钨业 2022 年 8 月至 12 月的 K 线走势。

从厦门钨业的 K 线波动情况可以看到，该股股价处于不断震荡下行的弱势行情中，连接股价波动下行时的高点绘制一条下降趋势线，然后根据下降趋势线绘制一条平行线，形成下降通道，股价在下降通道内波动运行。

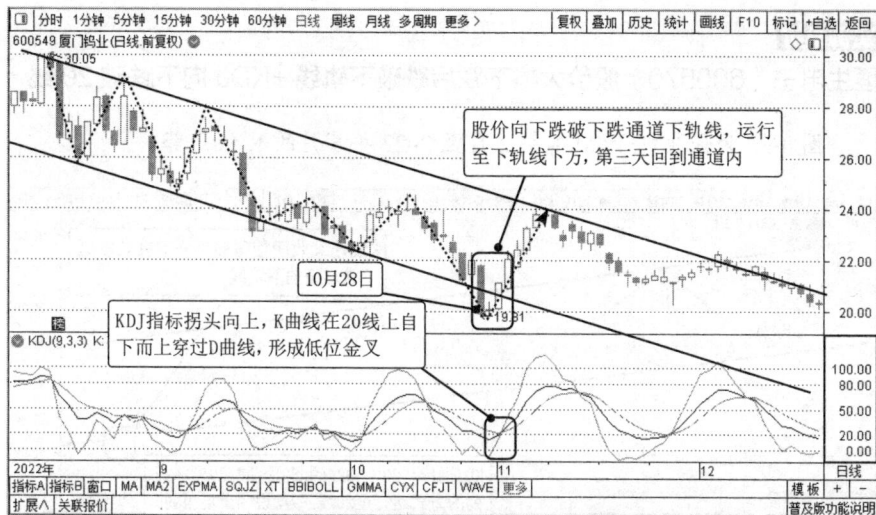

图 4-19　厦门钨业 2022 年 8 月至 12 月的 K 线走势

2022 年 10 月 28 日，K 线收出一根低开低走的大阴线向下跌破下跌通道的下轨线，使得股价运行至下轨线下方，但第三天 K 线收出一根上涨阳线使得股价重新回到下跌通道内。

此时查看下方的 KDJ 指标发现，KDJ 指标随着股价的下行运行至 20 线下方的超卖区，在股价回到下降通道内时，KDJ 指标拐头向上，且 K 曲线在 20 线上自下而上穿过 D 曲线，形成低位金叉，说明市场中的多头力量胜于空头。

由此可以判断，该下降通道并未失效，下轨线仍然对股价的波动起到支撑作用，股价回到下降通道内即有可能止跌，开启一波反弹上涨行情，投资者可以在股价重回下降通道内时买入持股抢反弹。

从该股后市的 K 线走势情况可以看到，股价重回到下降通道内后，K 线收出连续上涨阳线，将股价拉升至下降通道上轨线附近后止涨（24.00 元价位线附近）。

如果投资者在股价重回下降通道内时买进，那么仅仅四个交易日的时间，投资者便可以获得近 14% 的收益。但是，在下跌趋势中抢反弹操作风险较大，一般投资者最好还是不要参与。

实例分析

恒生电子（600570）股价大幅下跌后跌破下轨线 +KDJ 向下跌破 20 线

图 4-20 为恒生电子 2021 年 2 月至 2022 年 5 月的 K 线走势。

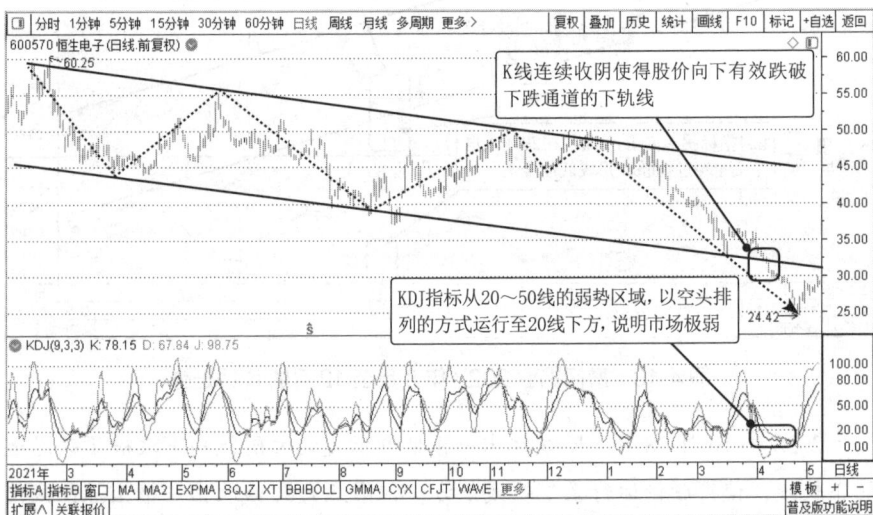

图 4-20　恒生电子 2021 年 2 月至 2022 年 5 月的 K 线走势

从恒生电子的 K 线波动走势可以看到，该股在下跌通道中波动下行，表现弱势。2022 年 4 月上旬，K 线连续收阴下跌，跌破下跌通道的下轨线后继续向下运行，此时查看下方的 KDJ 指标发现，KDJ 指标随着股价的下行而同步向下，并从 20 ~ 50 线的弱势区域，以空头排列的方式运行至 20 线下方，说明场内的空头力量仍然强劲，股价可能进一步下跌，投资者暂时不要入场。

因为此时股价已有较大跌幅而 KDJ 指标 20 线下又属于超卖区，说明市场中的空头力量过剩，难以继续维持，预示后市不久可能股价会止跌企稳，开启新一轮上涨行情，因此，投资者可以在股价出现明显的止跌回升信号后买入。

4.2.6　股价跌破成交密集区 +DMI 指标分析

成交密集区是指在股价涨跌波动变化的过程中，出现的一些成交量比较集中的时段，也常常被称为密集成交平台。这种成交密集区也往往成为下一轮行情的"压力区"或"支撑区"。

如果股价低于密集区，则表示市场中存在大量的套牢筹码，而当股价向上接近这个密集区时，一些筹码就会选择抛售，从而抑制股价继续上涨，所以，这个密集区会对股价的上涨起到压制作用。相反，如果股价高于密集区，说明市场中有大量的筹码已经获得了利润，而当股价向下回落时，这个密集区就会对股价起到支撑作用。

因此，当股价在密集区上方向下回落并跌破密集区时，就表明该区域的支撑作用被破坏了，此时查看 DMI 指标，如果 PDI 线自上而下穿过 MDI 线，表明场内空头力量强劲，市场由强转弱进入空头市场，此时股价极有可能会继续下跌，因此，投资者应以立即离场为佳。

实例分析
中国海防（600764）股价跌破成交密集区 +PDI 线自上而下穿过 MDI 线

图 4-21 为中国海防 2021 年 10 月至 2022 年 3 月的 K 线走势。

从中国海防的 K 线走势可以看到，2021 年 11 月初，股价上涨至 30.00 元价位线附近后止涨，随后围绕该价位线横向整理，下方成交量明显放大，形成成交密集区，说明在这一价位线聚集了大量的筹码。

2021 年 12 月初，K 线连续收出上涨阳线向上拉升股价，使得股价向上突破成交密集区，说明场内有大量的筹码已经获得了利润。随后股价上行至40.00 元价位线上方，创出 41.70 元的新高后止涨回落。

2022 年 1 月下旬，股价下行至前期成交密集区附近时止跌企稳，并在价位线上横盘整理运行，说明前期成交密集区对股价的下行起到支撑作用。2022 年 2 月下旬，股价结束横盘整理开始小幅向上拉升，似乎重新向上发起冲击表现上涨，但仅仅几个交易日 K 线便再次收阴下跌，当股价再次下行至前期成交密集区附近时，K 线继续收阴，使得股价向下有效跌破前期的成交密集区，说明前期成交密集区的支撑作用失效。

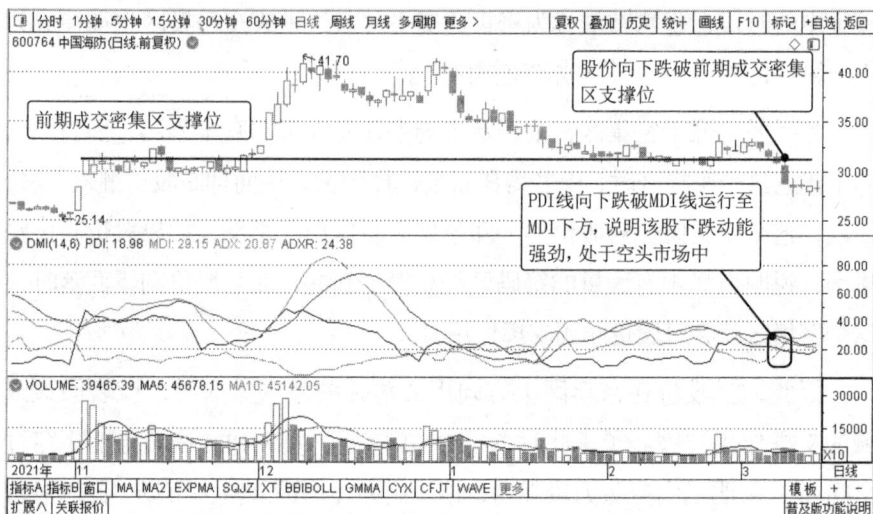

图 4-21　中国海防 2021 年 10 月至 2022 年 3 月的 K 线走势

此时，查看下方的 MDI 指标发现，在股价再次收阴下行跌破前期成交密集区时，DMI 指标中的 PDI 线自上而下穿过 MDI 线运行至 MDI 线下方，说明场内的下跌动能强劲，该股短期内将表现下跌行情，投资者不要贸然入场。

图 4-22 为中国海防 2021 年 10 月至 2022 年 5 月的 K 线走势。

从中国海防后市的 K 线波动情况可以看到，股价向下跌破前期成交密集区后，继续向下，且跌势更快，跌幅更深。

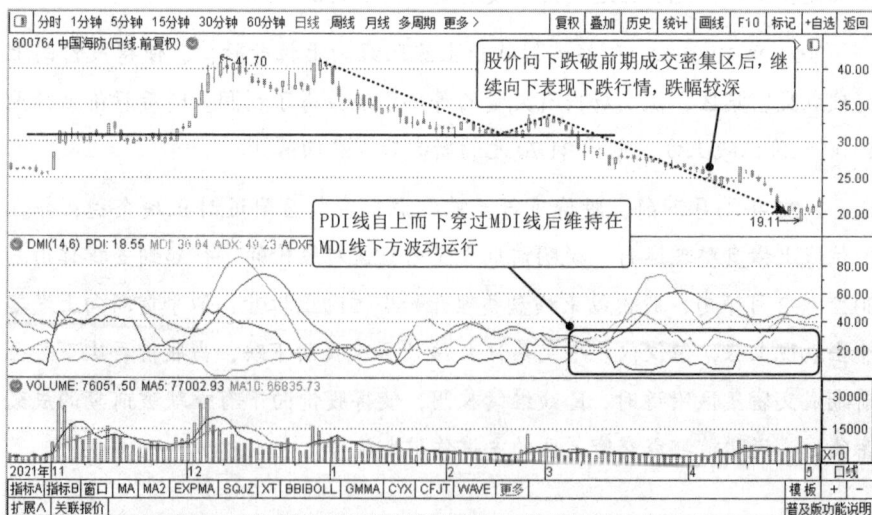

图 4-22　中国海防 2021 年 10 月至 2022 年 5 月的 K 线走势

4.2.7　股价跌破技术指标颈线 +RSI 指标分析

在 K 线技术的反转形态中，比如双重顶、头肩顶、三重顶等行情见顶形态，以及双重底、头肩底、三重底等行情见底形态中，都有对应的颈线。颈线是股价波动的生命线，也是多空市场的分界线，比如，在上涨行情中，当股价向下跌破颈线时，预示行情由涨转跌，后市看空。

但是，为了提高股价跌破颈线后，对后市看空的研判准确性，此时往往需要下方的技术指标同步发出市场的强弱信号进行进一步确认。比如，在股价向下跌破颈线位置时，RSI 指标线下行运行至 50 线下方的弱势区域内波动，则加强了市场由强走弱的预判，说明市场已经转入空头市场，此时投资者应及时离场，避免被套遭受严重的经济损失。

实例分析

中国宝安（000009）股价跌破颈线 +RSI 指标走向分析

图 4-23 为中国宝安 2021 年 6 月至 9 月的 K 线走势。

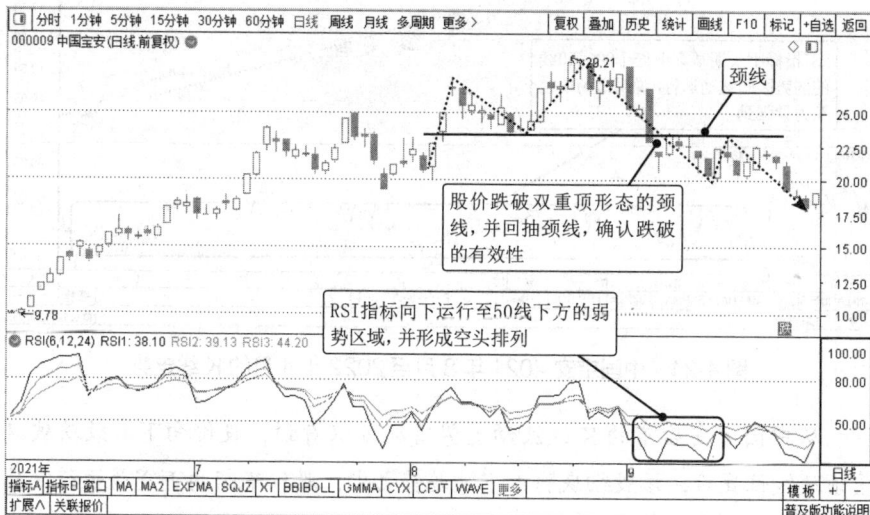

图 4-23　中国宝安 2021 年 6 月至 9 月的 K 线走势

从中国宝安的 K 线波动情况可以看到，2021 年 7 月股价在 20.00 元至 25.00 元进行横向整理。8 月初，股价强势突破 25.00 元价位线，股价向上运行至 27.00 元价位线附近时止涨回落，但跌幅并不深，股价下行至 24.00 元价位线附近便止跌回升，当股价上行至前期高点附近便止涨，短暂横盘整理后拐头下行，在 K 线走势上形成双重顶形态。

2021 年 9 月初，股价下行至双重顶颈线位置附近时继续向下跌破颈线，随后股价很快跌反弹回抽颈线时受阻再次下行，进一步确认前期跌破双重顶颈线的有效性。此时查看下方的 RSI 指标可以看到，RSI 指标随着股价的下跌而同步下行，跌破 50 线维持在 50 线下方的弱势区域内波动运行，且短期 RSI、中期 RSI、长期 RSI 呈空头排列。由此说明，市场中的空头力量强劲，该股即将转入不断震荡下行的弱势行情中，场内的投资者要注意及时离场躲避。

图 4-24 为中国宝安 2021 年 8 月至 2022 年 4 月的 K 线走势。

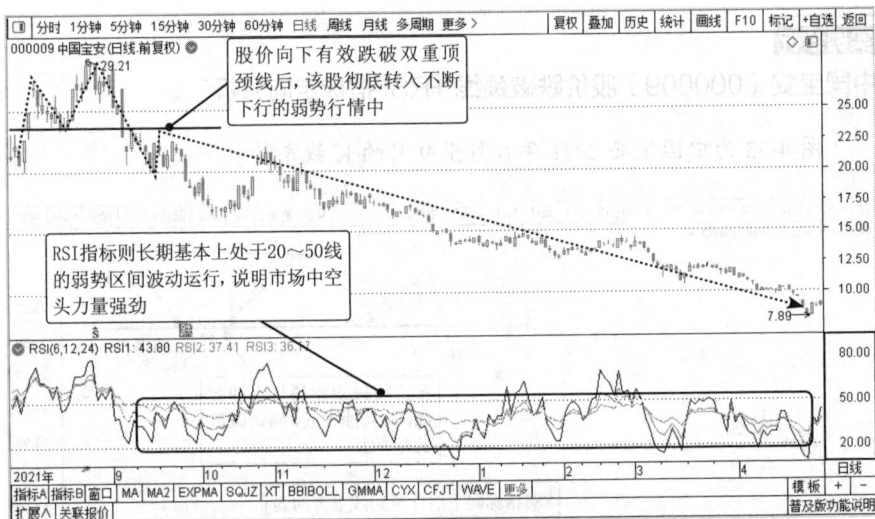

图 4-24　中国宝安 2021 年 8 月至 2022 年 4 月的 K 线走势

从中国宝安后市的 K 线波动走势情况可以看到，股价向下有效跌破双重顶颈线位置后，该股彻底转入下跌趋势之中，股价不断向下震荡运行，跌势沉重，跌幅较深。而下方 RSI 指标则随着股价的下跌同步下行，随后长期维持在 20 ~ 50 线的弱势区域内波动运行，说明市场中的空头力量占据绝对优势，该股长期处于弱势行情中。

第5章

短线实战：多指标同频共振

　　在实际的股票投资中，投资者在应用技术指标时除了单一指标的使用之外，还可以同时运用多种指标进行综合分析，这样一来，不仅能够更加快速、精准地判断市场行情，还能避免错过行情。因此，投资者在使用技术指标时要灵活变通，学会多指标综合研判分析抓行情。

5.1 德赛电池：上涨趋势中 RSI+DMI 的短线战法

上升趋势是每一位投资者都最渴望操作的一种股价走势，因为里面隐藏着的投资机会很多，只要能够抓住投资机会，投资者往往能够从中获得丰厚的收益。

但是，即便是上涨趋势也不是那么容易操作的，因为股价不是直线拉升的，而是波动变化的，一旦操作失误便可能在高位买进，低位卖出，造成亏损。尤其是短线投资者，由于是以波段收益为主，所以，操作往往比较频繁。如果不能准确抓住合适的买卖点，则极有可能使投资陷入困境。因此，我们在投资中需要更多地利用技术指标来帮助分析，精准找到买卖点。

日益成熟的新能源技术在带来便捷的同时，也给人们生活带来了巨大的变化，比如汽车、电动车及新能源储备等。而新型电池工业作为新能源领域的重要组成部分，已成为经济发展的新热点，受到了国家的高度重视，同时，新能源储能等需求增加，也让电池行业得到快速发展的机会。作为电池行业热门股德赛电池表现亮眼，本节就以德赛电池（000049）为例，向投资者介绍如何利用 RST 指标与 DMI 指标抓住上涨趋势中的短线投资机会。

5.1.1 利用技术指标信号找上涨初期

很多投资者在抓上涨行情时可能想问，股票起涨之前有哪些明显的特征呢？能否利用这些特征快速精准地抓住起涨股呢？

事实上，大部分股票在起涨时是没有信号的，因为主力在低位收集筹码时会非常低调，尽可能地去隐藏自己的行踪，确保自己不会被发现，避免别人来抢筹。

如此一来，又会有投资者问，是不是就不能找到股票的起涨信号了呢？答案是否定的，虽然主力入场收集筹码时很低调，不容易发现，但是股票在真正出现加速上涨之前，也就是上涨初期，盘面上还是会出现许多的蛛丝马迹，投资者利用技术指标便可以快速捕捉到这些股票的启动信号，从而快速布局。下面来具体看看德赛电池在股价上涨初期时的走势表现。

实例分析

RSI 指标多头排列 +DMI 指标的 PDI 线自下而上穿过 MDI 线

图 5-1 为德赛电池 2021 年 12 月至 2022 年 5 月的 K 线走势。

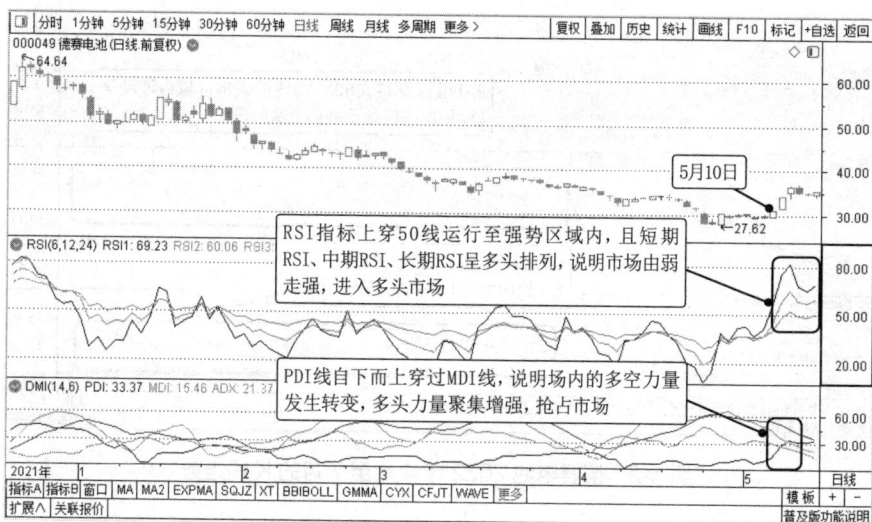

图 5-1　德赛电池 2021 年 12 月至 2022 年 5 月的 K 线走势

从德赛电池的 K 线走势情况可以看到，该股的股价从 60.00 元价位线上方的相对高位向下逐浪运行。经过一番下跌之后，于 2022 年 4 月底运行至 30.00 元价位线上后止跌企稳，并在该价位线上横盘整理，此时该股累计跌幅超 50%，存在筑底迹象。

2022 年 5 月，K 线在 5 月 10 日、11 日和 12 日三天连续收出三根上涨阳线，使得股价上行，脱离底部区域，开始出现上涨迹象。

为得到准确信号，进一步查看技术指标可以发现，在股价企稳回升过程中，RSI 指标从 50 线下方的弱势区域上穿 50 线，运行至 50 线上方的强势区域内，且短期 RSI、中期 RSI、长期 RSI 呈多头排列。与此同时，DMI 指标中 PDI 线自下而上穿过 MDI 线运行至其上方。

综合这些信息可以判断，经过前期的一番震荡下跌行情，场内的空头力量基本上被消耗殆尽，而多头力量却逐渐聚集占领市场，市场由弱转强，该股短期内可能迎来一波拉升，为投资者的买入信号。

图 5-2 为德赛电池 2022 年 4 月至 7 月的 K 线走势。

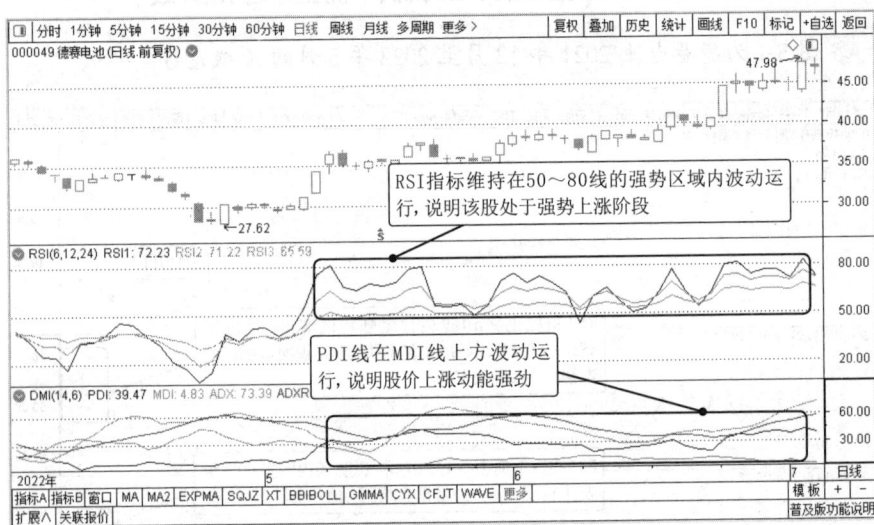

图 5-2　德赛电池 2022 年 4 月至 7 月的 K 线走势

从德赛电池的后市 K 线走势可以看到，股价在 30.00 元价位线上筑底成功后转入震荡向上的拉升行情中，股价逐浪上行且涨势稳定。而下方的 RSI 指标则在上穿 50 线后，长期维持在 50～80 线的强势区域内波动运行，与此同时，DMI 指标中的 PDI 线也在 MDI 线上方波动运行，说明市场中的多头力量强劲，投资者可以坚持持股。

5.1.2　股价阶段性见顶时技术指标发出警报

在上升过程中，常常会听见人说阶段性见顶，那么阶段性见顶是什么意思呢？对于投资者来说重要吗？

　　阶段性见顶就是指股价经过一番拉升后运行至某一价位后不再上涨，就说明个股在这个位置见顶了，后期即将出现回调走势。但是从中长期角度来看，这个位置并不是真正的顶部，因为个股整体的上涨趋势并未发生变化，仍然表现上涨，所以，对于中长线的投资者来说，阶段性顶部他们关注的并不多。

　　但是，对于短线投资者来说却不是，因为回调有长有短，有大有小，如果不注意躲避，极有可能损失掉自己的前期收益。因此，短线投资者有必要利用技术指标准确判断阶段性顶部，及时逃离。

　　所以，当德赛电池转入上升趋势中后，投资者要注意盯紧盘面，查看股价走势变化，一旦股价涨势减缓或是滞涨就可能到达阶段性顶部，场内投资者要注意回避这一回调下跌。

实例分析

RSI 指标空头排列 +DMI 指标的 ADX 线自上而下穿过 ADXR 线

　　图 5-3 为德赛电池 2022 年 5 月至 7 月的 K 线走势。

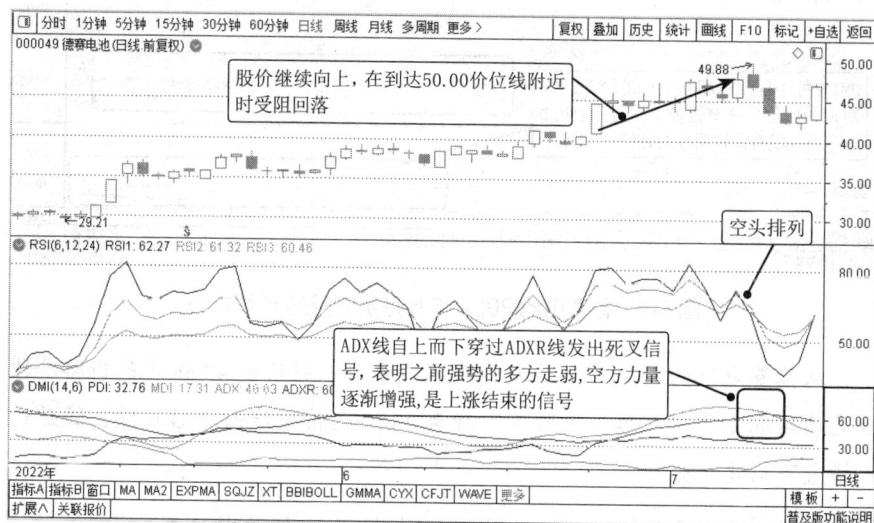

图 5-3　德赛电池 2022 年 5 月至 7 月的 K 线走势

从德赛电池的 K 线走势情况可以看到。2022 年 6 月下旬，股价上涨到 45.00 元价位线附近的相对高位后涨势减缓，之后向上缓慢运行，股价在运行到 50.00 元价位线下方时受阻回落。

此时查看下方的 RSI 指标却发现，RSI 指标的数值虽然也处于相对高位，但在超买区域出现拐点，股价在 50.00 元下方受阻回落时，RSI 指标呈空头排列，预示当前股价即将达到顶部。

与此同时，查看 DMI 指标发现，ADX 线自上而下穿过 ADXR 线形成死叉，PDI 线和 MDI 线迅速靠拢，表明多方走弱，是上涨结束的信号。综合这些信息，说明该股极有可能阶段性见顶，投资者应尽快卖出手中持股。

图 5-4 为德赛电池 2022 年 6 月至 8 月的 K 线走势。

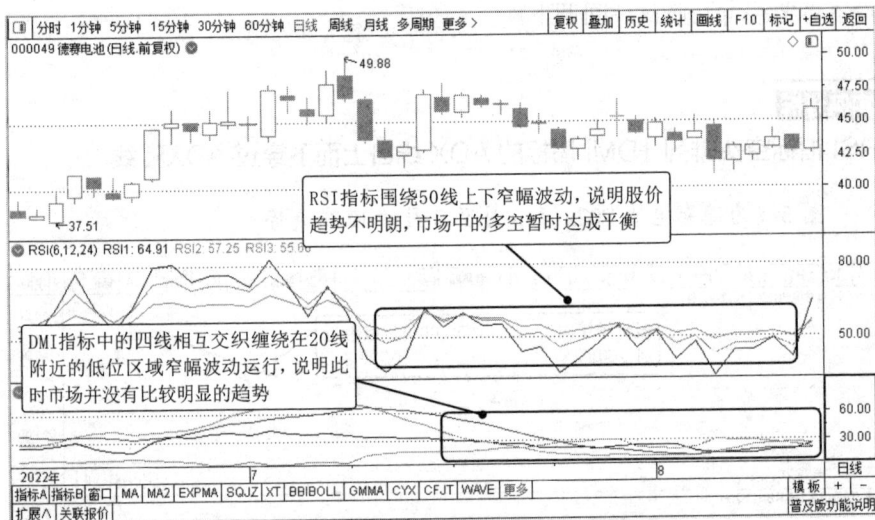

图 5-4　德赛电池 2022 年 6 月至 8 月的 K 线走势

从德赛电池的后市 K 线波动情况可以看到，股价以 49.88 元的价格阶段性见顶后向下小幅跌落。当股价下行至 42.50 元价位线附近后止跌，随后进入横盘窄幅波动阶段。

此时查看下方的技术指标发现，RSI 指标以 50 线为中心上下窄幅波动，而 DMI 指标中的四线则相互交织缠绕在 20 线附近的低位区域窄幅波动，说明此时市场中的多空双方暂时达成平衡，该股未来走势不明。

从该股的这一波走势来看，此番回调整理持续了近一个月的时间，如果投资者前期不注意避让，或将带来较大损失。

5.1.3 回调结束后借助指标抓新行情

个股在上涨趋势中回调是不可能避免的，属于正常情况，也是良性上涨过程中必须存在的，只是回调的幅度不同而已。但是股价回调并不会改变股价原有的上涨趋势。

也就是说，德赛电池尽管进入回调整理走势中，但是回调并非无止境的，只要回调结束后个股便会重新向上发起冲击继续之前的上涨行情。因此，投资者需要做的就是利用技术指标发出的市场信息找到回调结束信号，在股价止跌回升时重新买入个股，从而把握住下一波上涨。

实例分析

RSI 指标金叉 +DMI 指标的 PDI 线自下而上穿过 MDI 线

图 5-5 为德赛电池 2022 年 5 月至 8 月的 K 线走势。

从德赛电池的 K 线波动走势可以看到，2022 年 7 月下旬，股价在 42.50 元价位线附近横盘整理运行后，8 月上旬再次向上小幅攀升，呈上涨走势。

此时查看下方的技术指标发现，RSI 指标中的短期 RSI 自下而上穿过中长期 RSI 形成金叉，随后继续向上呈多头排列。

而 DMI 指标中的 PDI 线也自下而上穿过 MDI 线，且随后 PDI、ADX、ADXR 三线快速上行，而 MDI 线下行，与 PDI、ADX、ADXR 三线的距离增大。说明市场中人气旺盛，多头力量强劲，向上拉升股价意愿强烈，该股短期内将迎来快速拉升行情，投资者可以逢低买入。

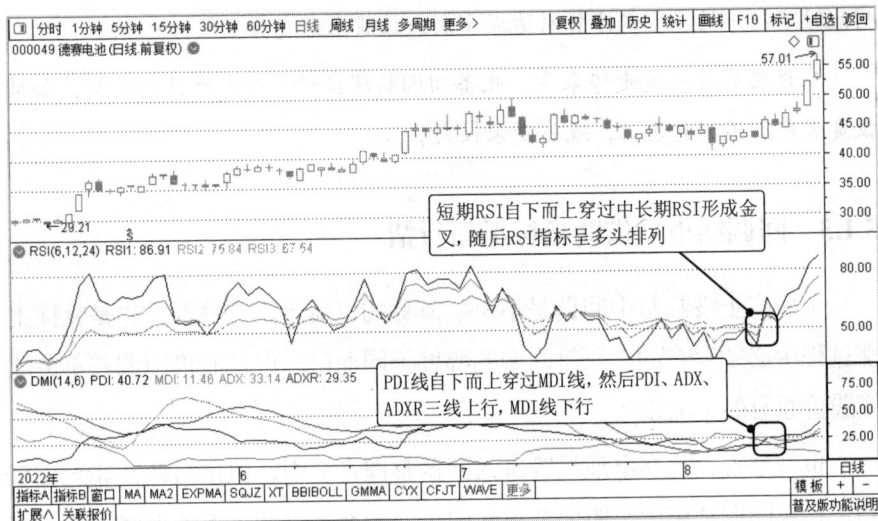

图 5-5　德赛电池 2022 年 5 月至 8 月的 K 线走势

5.1.4　高位拉升不错过逃顶信号

经过一段时间的拉升上涨后，德赛电池涨势明显，投资者获利丰厚。但是要知道，当股价越拉越高，距离顶部也越来越近，投资者就越是不能放松警惕，应注意市场变化，及时抓住离场信号，迅速逃顶。但事实是，很多投资者都明白逃顶的重要性，但在实战中却难以做到，主要存在以下原因。

①股价高位拉升，往往涨速较快，涨幅较大，投资者为获得更多的收益而错失最佳离场时机。

②高位滞涨回调时不愿意相信市场转势的信息，直到行情急转直下，才匆匆离场甚至是亏损出局。

③认为后市还有更大的拉升，而继续持股等待。

投资者要有居安思危的意识，价格越高，风险越大，就越需要借助技术指标发现的转势信号，及时逃顶避险。

实例分析

RSI 指标下穿 50 线 +DMI 指标的 ADX 线自上而下穿过 ADXR 线

图 5-6 为德赛电池 2021 年 12 月至 2022 年 9 月的 K 线走势。

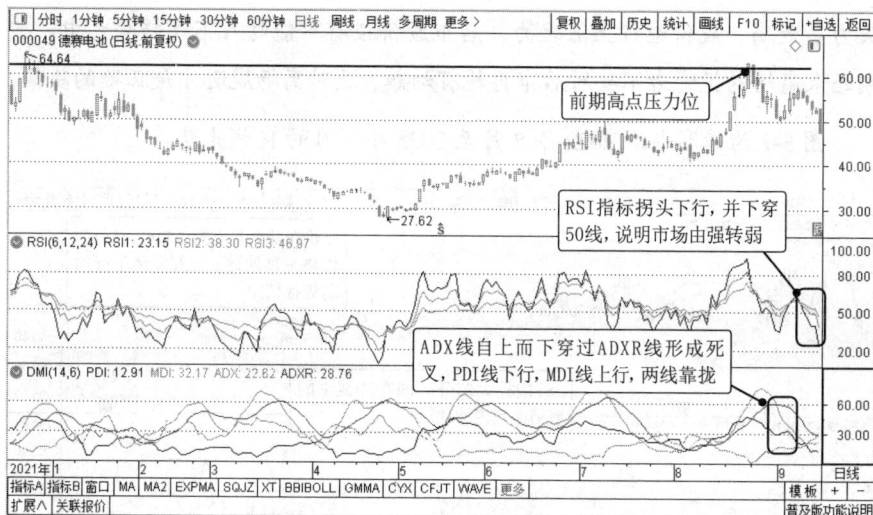

图 5-6   德赛电池 2021 年 12 月至 2022 年 9 月的 K 线走势

从德赛电池的 K 线走势情况可以看到，2022 年 8 月中旬，K 线多次收出上涨阳线，将股价快速拉升至前期高点 64.00 元价位线附近。

前期高点为重要的压力位，如果股价向上突破了，说明股价向上上涨的动力十足，后市继续上行的可能性较大。但如果上冲失败，则股价极有可能下跌转入空头市场。因此，当股价上行至前期高点附近时投资者要提前做好撤离的准备。

从后市走势来看，股价上涨至前期高点附近后，第二天 K 线便收阴止涨，随后小幅下跌，并未向上突破前期高点压力位，说明上方抛压较重。此时查看下方的技术指标可以看到，RSI 指标拐头下行，从 50 线上方的强势区域向下运行，MDI 指标中的 ADX 线拐头下行，说明市场内的多头力量走弱，继续向上突破压力位较为困难，此时谨慎的投资者可以离场了。

但股价这一次下行的幅度并不深，当股价下行至 50.00 元价位线时便止跌企稳并再次向上发起冲击，但还未上行至前期高点附近便再次受阻回落。此时查看下方的技术指标发现，RSI 指标向下跌破 50 线，运行至 50 线下的弱势区域，DMI 指标中的 ADX 线则自上而下穿过 ADXR 线发出死叉信号，PDI 线也向下运行，与向上运行的 MDI 线逐渐靠拢，由此说明市场中的多头力量衰竭，股价继续上涨乏力，后市股价极有可能转入下跌趋势之中，前期还未离场的投资者不要对后市再抱有幻想，及时离场规避才是正确的决策。

图 5-7 为德赛电池 2022 年 8 月至 2023 年 5 月的 K 线走势。

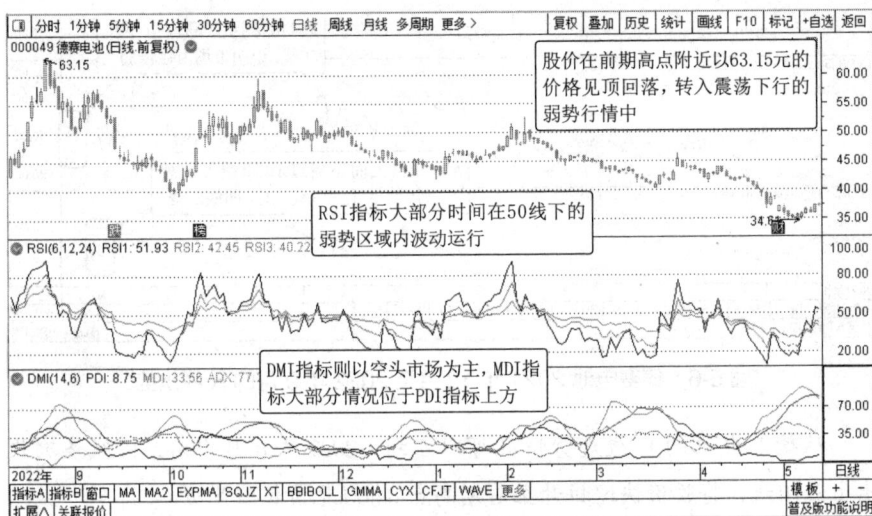

图 5-7　德赛电池 2022 年 8 月至 2023 年 5 月的 K 线走势

从德赛电池后市的 K 线波动情况可以看到，该股股价在前期高点附近以 63.15 元的价格见顶后便转入震荡下行的弱势行情中。在股价下跌的过程中出现过几次反弹行情，但反弹力度都不大，随后股价继续向下表现下跌走势。

在股价下行的过程中，RSI 指标大部分的时间在 50 线下的弱势区域内波动运行，而 DMI 指标则以空头市场走势为主，MDI 线大部分情况下在 PDI 线上方运行，即便 PDI 线上穿 MDI 线运行至其上方，但很快又再次回到 MDI 线下方。说明市场中的空头力量强劲，在指标发出明确的上涨信号之前，投资者都不可以贸然入场。

5.2　恒顺醋业：下跌趋势中 KDJ+DMI 的短线战法

上涨趋势自然是每一位投资者都梦寐以求的，但是市场不可能永远处于拉升中，尤其是大盘处于熊市行情中时，绝大部分的股票都处于下跌走势中。那是不是就意味着没有投资机会了呢？

答案是否定的，下跌是股市的正常回落现象，且股价下跌并非直线下行。而是波动下行的，在波动下行的过程中，反弹回升便是短线投资者的投资机会，只要能够巧妙抓住，同样能够获得收益。

恒顺醋业（600305）就经历了这样一轮不断向下的下跌走势，本节将以恒顺醋业为例，通过 KDJ 指标与 DMI 指标的结合介绍在下跌趋势之中的短线操盘法。但是，需要注意的是，尽管熊市具备投资获利的可能，但投资者仍不可忽视其中的高风险性。

5.2.1　下跌初期根据指标找到转势信号

在前期上涨趋势中，多头以绝对优势向上持续拉升股价，当股价拉升至顶部区域后多空力量悄悄发生转变，股价无法继续向上持续推高，空头力量发起冲击，股价向下跌落，个股开启一轮下跌趋势。

但是，往往在股价下跌初期，大部分投资者不会反应过来，他们仍旧沉浸在上涨的喜悦中，认为这只是个股正常的回调，后市仍然看涨，期待会有新高，因此，对于新热点和强势股的回调反抽仍然抱有新高的欲望。

恒顺醋业自 2018 年 7 月开始转入上涨行情中，股价从 8.50 元附近的相对低位处向上震荡攀升，直至 2020 年 8 月下旬，股价上涨至 27.00 元附近，两年左右的时间，股价涨幅超 210%，涨势惊人。但是一轮大幅上涨的牛市行情终会有结束的一大，然后便转入长久下跌的熊市行情中。下面就来看看下跌初期，技术指标是如何表现的。

实例分析

KDJ 指标高位死叉 +DMI 指标的 ADX 线自上而下穿过 ADXR 线

图 5-8 为恒顺醋业 2020 年 2 月至 9 月的 K 线走势。

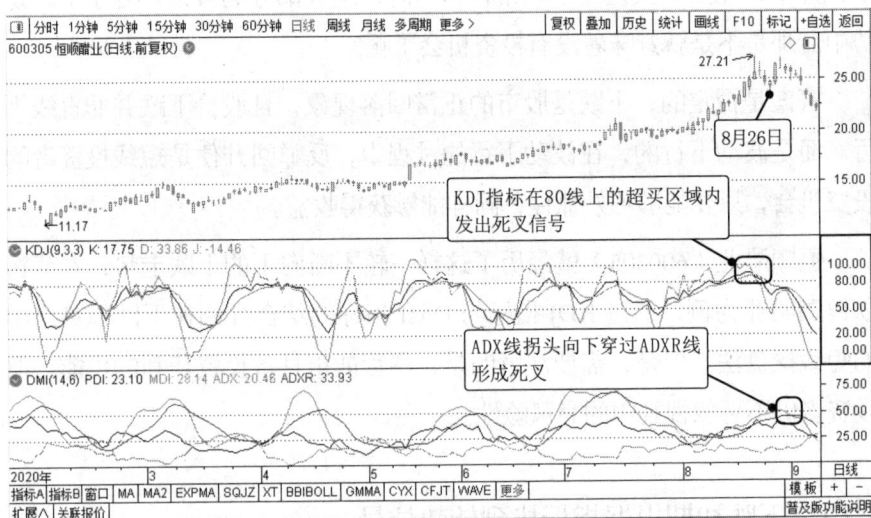

图 5-8　恒顺醋业 2020 年 2 月至 9 月的 K 线走势

从恒顺醋业的 K 线走势情况可以看到，经过一番长期大幅拉升行情后，2020 年 8 月下旬，股价上行至 25.00 元价位线上方创出 27.12 元的新高后止涨。

此时距离起涨点位置较远，从这一轮上涨行情来看，累积涨幅巨大，该股可能存在见顶风险，投资者要有行情转势意识。

此时查看下方的技术指标发现，KDJ 指标随着股价的上涨而同步上行，并运行至 80 线上的超买区域，说明市场内的买气过剩，股价在短时间内可能会回落下行。

当股价高位止涨时，KDJ 指标中的 K 曲线自上而下穿过 D 曲线，并在 80 线上形成高位死叉。而 DMI 指标中的 ADX 线则拐头下行穿过 ADXR 线形成死叉。

综合 KDJ 指标和 DMI 指标的表现情况，预示场内的多空双方发生转变，空头占据优势，短期内股价将迎来一番下跌行情，投资者要注意及时离场，锁定前期收益。

但是，因为该股只是止涨并未出现比较明显的下跌走势，所以大部分投资者仍然对后市走势抱有期待，不愿轻易离场。

我们继续看，股价随后在 25.00 元价位线上横盘整理运行，8 月 26 日、27 日和 28 日 K 线连续收出三根上涨阳线向上拉升，28 日当天收出一根带长上影线的 K 线，且最高价在前期高点附近，说明上方抛压较重，难以向上突破。第二天，股价开始便下行，且 K 线连续收阴跌破 25.00 元价位线。

此时查看下方的技术指标发现，KDJ 指标下行，三条指标线呈空头排列，表明当前处于空头市场中。而 DMI 指标中 ADX 线和 ADXR 线形成死叉后继续下行，PDI 线向下运行，而 MDI 线却拐头向上运行，两线逐渐靠拢，说明场内的多头力量衰竭，该股后市看空。前期还未离场的投资者此时应尽快离场，不要再抱有期待了。

图 5-9 为恒顺醋业 2020 年 8 月至 2022 年 5 月的 K 线走势。

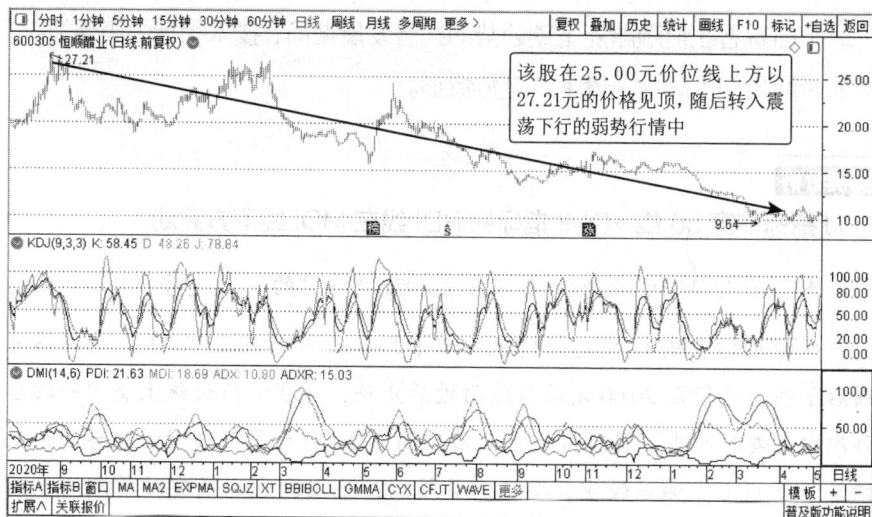

图 5-9 恒顺醋业 2020 年 8 月至 2022 年 5 月的 K 线走势

从恒顺醋业的后市 K 线走势情况可以看到，该股在 25.00 元价位线上方见顶后便转入震荡下行的弱势行情中。此番下跌行情持续时间长，下跌幅度深，股价跌势沉重，说明前期高位顶部技术指标发出的转势信号准确可靠，如果投资者能够及时发现技术指标发出的这些信号，则能及时躲避这一轮下跌。

5.2.2 跌势发展期间的指标表现

下跌趋势的第一阶段为趋势准备阶段，或者说是空方力量聚集阶段，因为此时场内的部分投资者还没有意识到趋势转变，所以个股下跌幅度不深，但是当市场内意见达成一致，卖盘占据主导优势时，下跌行情就进入了跌势发展阶段。

跌势发展阶段也常常被称为主跌浪阶段，是指股价破位下跌，场外买盘无意入场，跌势就此展开的下跌走势。在这一阶段中投资者的参与机会比较少，或者是没有，因为这个阶段的走势比较凶险。此时往往技术指标也发出预警信号，提醒投资者谨慎操作。

下面看看在恒顺醋业下跌趋势的跌势发展期间，技术指标的表现情况，从而帮助我们了解这一段下跌走势情形。

实例分析

KDJ 指标下穿 50 线 +DMI 指标的 PDI 线在 MDI 线下方波动

图 5-10 为恒顺醋业 2020 年 8 月至 2021 年 5 月的 K 线走势。

从恒顺醋业的 K 线走势情况可以看到，股价前期以 27.21 元的价格见顶后下跌，运行至 20.00 元价位线附近后止跌，并在该价位线上整理一段后再次向上发起冲击，当股价上行至前期高点 26.00 元价位线附近后再次止跌横盘。说明上方抛压较重，多头力量较弱，难以向上冲高突破前期高点压力位。

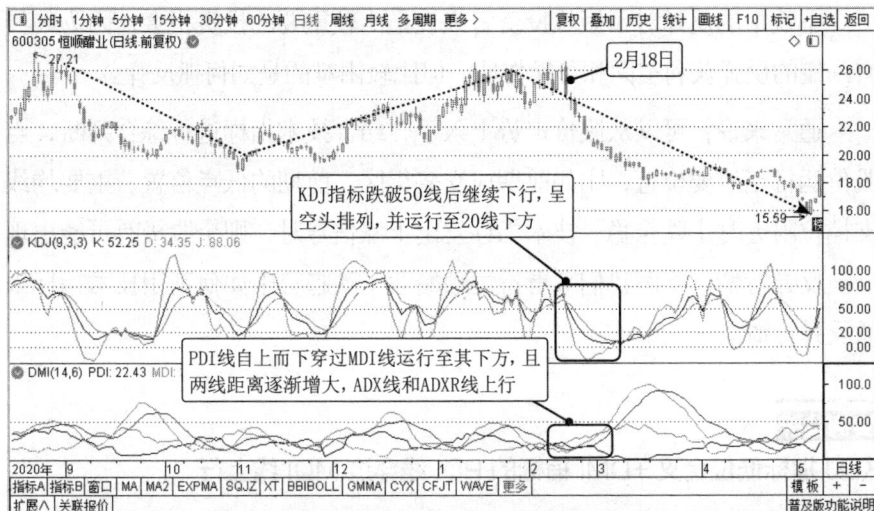

图 5-10　恒顺醋业 2020 年 8 月至 2021 年 5 月的 K 线走势

2 月 18 日、19 日 K 线连续收出下跌阴线，使得股价跌破高位横盘区间，此时场内前期对该股后市发展抱有期望的投资者纷纷看空后市而抛售持股离场，市场内做空意愿一致，空头力量强劲，以绝对优势向下发起冲击，股价开始向下快速下跌，进入主跌浪行情。

此时查看下方的技术指标看到，KDJ 指标前期从高位区域下行至 50 线附近后止跌，并在 50 ~ 80 线区域内波动运行，当股价下行跌破横盘整理走势时，KDJ 指标向下跌破 50 线，并以空头排列的形式下行至 20 线下方。而 MDI 指标中的 PDI 线自上而下穿过 MDI 线后，在其下方波动运行，且两线距离逐渐增大，ADX 线和 ADXR 线则向上攀升。说明场内的空头力量强劲，占据绝对优势，股价下跌势头猛烈，难以抵挡。

5.2.3　识别指标信号抓反弹

股价在下跌过程中直线向下如瀑布一般一泻千里的下行少之又少，更多的是像皮球一样，跌得越猛，反弹越快，跌得越深，反弹越高，且下跌时间越长，跌势越缓，反弹力度也越来越小，参与价值也越来越低。

下跌中的反弹对于短线投资者来说是比较重要的投资机会，因为其具有一定的反弹获利空间和可操作性。但比较困难的是如何抓反弹。

通常来说，可以从股价走势上入手，结合技术指标进行综合判断，当股价运行至重要位置，比如前期成交密集区、前期的低点位置、重要均线支撑位附近时止跌企稳，技术指标发出上涨信号时，则个股极有可能出现一波反弹行情。下面我们来看看恒顺醋业下跌趋势中如何利用技术指标来抓反弹行情。

实例分析

KDJ 指标低位金叉 +DMI 指标的 PDI 线穿过 MDI 线上行

图 5-11 为恒顺醋业 2020 年 7 月至 2021 年 2 月的 K 线走势。

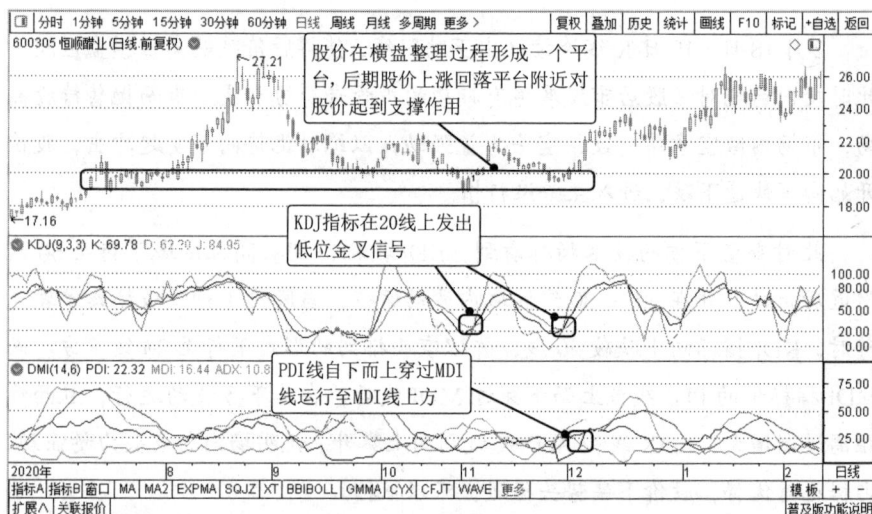

图 5-11 恒顺醋业 2020 年 7 月至 2021 年 2 月的 K 线走势

从恒顺醋业的 K 线波动走势可以看到，2020 年 7 月下旬，股价上行至 20.00 元价位线附近后止涨横盘，并在该价位线上横盘整理运行形成平台形态。

2020 年 8 月下旬股价见顶回落，9 月中旬，股价下跌至前期平台附近后止跌，前期平台对股价的继续下跌起到支撑作用，股价多次下行至前期平台附近时均获得支撑止跌企稳，股价可能在此位置向上展开一波反弹行情。

此时查看下方的技术指标发现，11 月初，股价下行至平台止跌企稳时，KDJ 指标中的 K 曲线自下而上穿过 D 曲线在 20 线上形成金叉，说明市场中的多头力量占据优势。而下方的 DMI 指标却四线交织缠绕在 20 线附近波动运行，呈失效状态，说明市场中的多空双方处于平衡状态，后市走势不明。

综合 KDJ 指标和 DMI 指标可知，因为 KDJ 指标为随机指标，反应灵敏，善于捕捉短期行情，而 DMI 指标为趋势指标，主要辨别股价运行趋势，所以股价可能迎来短期向上波动，但并不会形成上涨趋势，更不会形成幅度较大的反弹行情，投资者不要着急入场。

2020 年 12 月初，股价再次下行至前期平台位置附近时获得支撑止跌企稳，此时下方的 KDJ 指标再一次在 20 线上发出金叉信号，而 DMI 指标中的 PDI 线自下而上穿过 MDI 线运行至其上方，且 ADX、ADXR 和 PDI 三线上行，MDI 线下行，距离逐渐增大，说明场内上涨动能十足，该股短期将迎来一波上涨行情，投资者可以在此位置买入跟进，抢反弹操作。

5.2.4   抢反弹重要的是识别卖出信息

个股处于下跌行情中，当股价下跌至某一价位后止跌回升，出现反弹走势，此时我们需要明确一点，反弹的力度不会大于下跌，更不会改变个股下跌的趋势，一旦股价无法继续上涨时便会见顶回落，继续之前的下跌走势，且之后的下跌速度更快。

对于抢反弹的短线投资者而言，知道股价大概反弹到什么位置及时卖出手中持股是关键。股价反弹的顶点通常在重要阻力位置，比如前期高点、前期成交密集区、前期整理平台等，当股价运行到这些位置止涨时，投资者就需要结合技术指标判断当前股价反弹是否运行至顶点。通常在反弹回升将到达尽头时，技术指标会发出一些预示性的信号。

实例分析

KDJ 指标高位死叉 +DMI 指标的 ADX 线拐头下行

图 5-12 为恒顺醋业 2020 年 12 月至 2021 年 6 月的 K 线走势。

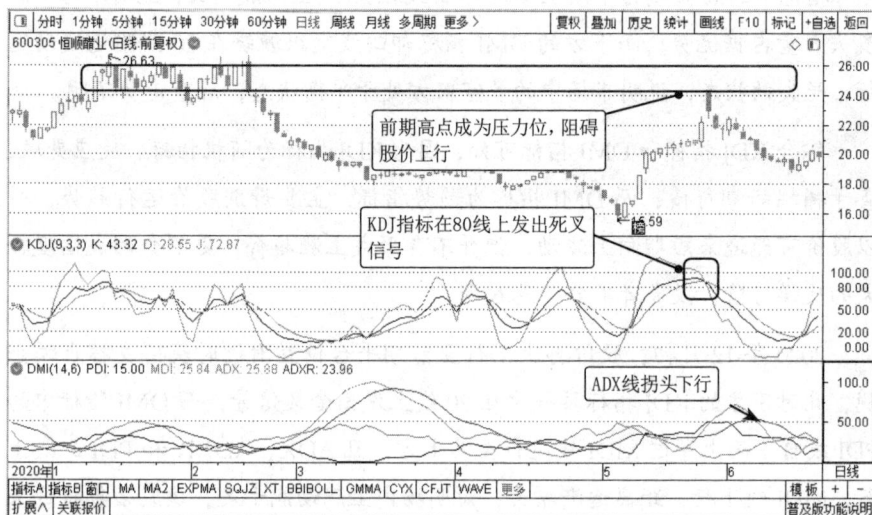

图 5-12　恒顺醋业 2020 年 12 月至 2021 年 6 月的 K 线走势

从恒顺醋业的 K 线波动情况可以看到，2021 年 5 月，股价下行至 16.00 元价位线附近创出 15.59 元的新低后止跌企稳，随后反弹回升，表现上涨走势。

当股价反弹至前期整理平台低点 24.00 元价位线附近时止涨，前期整理平台成阻力位阻碍股价上行，需要更多的多头力量聚集才能向上突破平台。此时查看下方的 KDJ 指标发现，KDJ 指标在 80 线上的高位区拐头下行，且 K 曲线自上而下穿过 D 曲线形成高位死叉，说明场内的空头力量强劲。

而 DMI 指标中，尽管 PDI 线还在 MDI 线上方波动运行，表明该股仍然处于多头市场中，但是仔细观察可以发现 ADX 线没有继续上行，而是拐头向下，PDI 线下行，MDI 线上行，两线向中间靠拢，说明该股上涨动能衰竭，上涨趋势难以维持，后市极有可能转入下跌趋势之中。

综合上述信息可以判断，股价反弹回升至前期高点附近后遇阻，场外没有资金持续流入推动股价上行，股价反弹见顶，将继续之前的下跌行情，向下运行，此时场内的投资者应尽快离场。

5.2.5　下跌末期指标迷茫

一轮完整的下跌行情往往需要经过三个阶段，即下跌初期、下跌发展期及下跌末期。由于前面第二个阶段已经消耗了市场中绝大部分的空方力量，使得场内抛压大幅减轻，但是市场仍然处于一种跌势未止的状态中。

这一阶段的下跌主要是因为前期在快速下跌的走势中坚持过来的投资者，此时因信心不足而抛出所持股票造成的，但由于持有者并没有出现集中抛售的情况，所以，这一阶段下跌还不是很快，属于缓跌阶段，但持续的时间却较长。

尽管股价已经经过了前期较大幅度的下跌，但此时仍没有找到上涨的理由，作为投资者应该仔细关注技术指标变化，耐心等待市场由弱转强，启动新一轮上涨行情。

实例分析

KDJ 指标围绕 50 线上下波动 +DMI 指标四线交织缠绕

图 5-13 为恒顺醋业 2021 年 11 月至 2022 年 6 月的 K 线走势。

从恒顺醋业的 K 线走势情况可以看到，该股股价经过一番长期、大幅下跌行情之后，于 2022 年 3 月下旬运行至 10.50 元价位线附近的相对低位处止跌企稳。

因为此时距离启跌点位置较远，股价累计跌幅较大，场内空头动能基本释放，那么此时止跌企稳，是否为筑底信号呢？投资者能否低位建仓呢？

我们查看下方的技术指标可以看到，尽管恒顺醋业的股价不再继续下行，但是 KDJ 指标却没有发出明显的转势信号，而是以 50 线为中心，在 50 线上下波动横向运行。而 DMI 指标中的四条指标线相互交织缠绕，在 20 线附近波动运行，呈失效状态，说明尽管股价已经经过了前期较大幅度的下跌，但此时仍没有明显的上涨迹象，市场仍然处于一种跌势未止的状态中。投资者应以场外持币观望为主，在技术指标发出明确的上升信号之前不要着急入场。

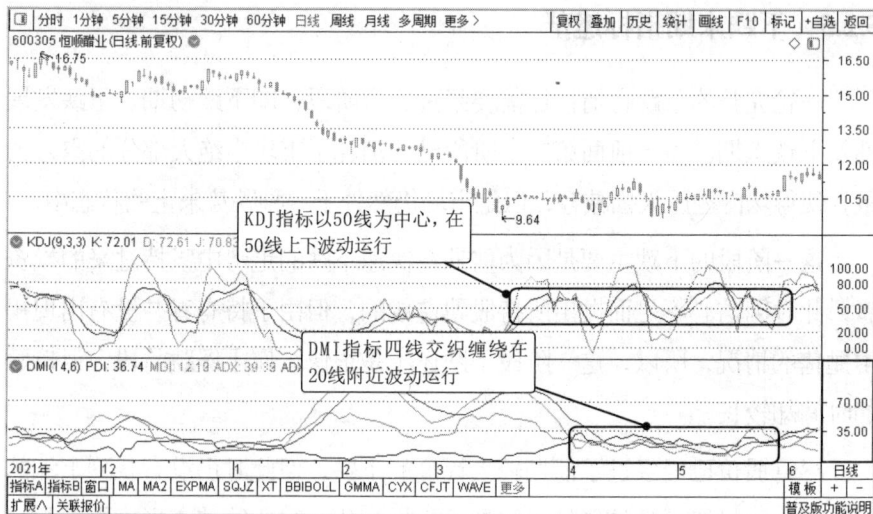

图 5-13　恒顺醋业 2021 年 11 月至 2022 年 6 月的 K 线走势

5.3　金发科技：震荡行情中 KDJ+RSI 的短线战法

市场中除了上升行情和下跌行情之外，还存在一种震荡行情。它是指在一段时间里，行情价格在一个价格区间内波动运行，即便有时候会出现突破价格区间高位或跌破价格区间低位的情况，但很快也会回到震荡区间内的一种行情走势。

对于很多投资者来说，尤其是新手投资者，在入市之初便会听到"顺势而为"这样的话，即在趋势明朗的走势中顺应市场操作更容易获得成功，因此，投资者普遍更喜欢上升行情或下跌行情，而震荡行情虽然跟大趋势相比其获利空间较窄，但是其操盘更简单，持仓时间更短，更适合短线投资者。

市场中的所有行情都是由趋势和震荡两类组合而成的，没有单纯的趋势，也没有单纯的震荡。本节我们便以金发科技（600143）股票为例，介绍借助 KDJ 指标和 RSI 指标在震荡行情中的短线操盘技法。

5.3.1 在平台支撑位指标发出买入信号

在震荡行情中做短线投资，投资者首先要明确震荡行情的波动特点，具体如下。

①价格在一定的价格区间内来回波动，没有明显的趋势方向。

②价格的波动幅度相较于上升行情和下跌行情更小。

③价格在支撑位和阻力位之间来回震荡，形成一种整理结构。

从上可知，在震荡行情中，股价在一个价格范围内波动，连接股价震荡运行时的低点连线，形成下边线。下边线对股价起到支撑作用，当股价下行至平台下边线附近止跌企稳，如果下方的技术指标同时发出上涨信号，则可以视为投资者的买入信号。在金发科技股票 2020 年 6 月至 12 月这一段走势中出现了这样的情况，下面我们来看看其中存在的买入机会。

实例分析
KDJ 指标发出低位金叉 +RSI 指标上穿 50 线

图 5-14 为金发科技 2020 年 6 月至 12 月的 K 线走势。

从金发科技这一阶段的 K 线波动情况可以看到，2020 年 7 月上旬，股价上行至 18.00 元价位线附近后止涨回落，下行至 14.00 元价位线附近（记为 A 点）止跌回升，然后在前期高点附近回落，又在前期低点止跌（记为 B 点），根据这两段走势可以判断出该股股价处于震荡行情中。

2020 年 9 月底，股价再次下行至前期低点位置时极有可能再次止跌回升（记为 C 点）。此时对应查看下方的技术指标发现，KDJ 指标从 20 线下方拐头上行，并在 20 线上形成金叉，而 RSI 指标则从 50 线下上穿 50 线运行至 50 线上方的强势区域，说明市场中的多头力量聚集，短期内股价将迎来一波上涨行情，为投资者的买入信号，投资者可以在 C 点位置买入跟进。

2020 年 10 月底，经过一段拉升后，股价再次止涨回落运行至前期低点附近止跌（记为 D 点），此时查看下方的技术指标发现，KDJ 指标再次发出低位金叉信号，RSI 指标也从 50 线下的弱势区域上穿 50 线，运行至 50 线上的强势区域内，说明多头力量强劲，投资者可以买入跟进。

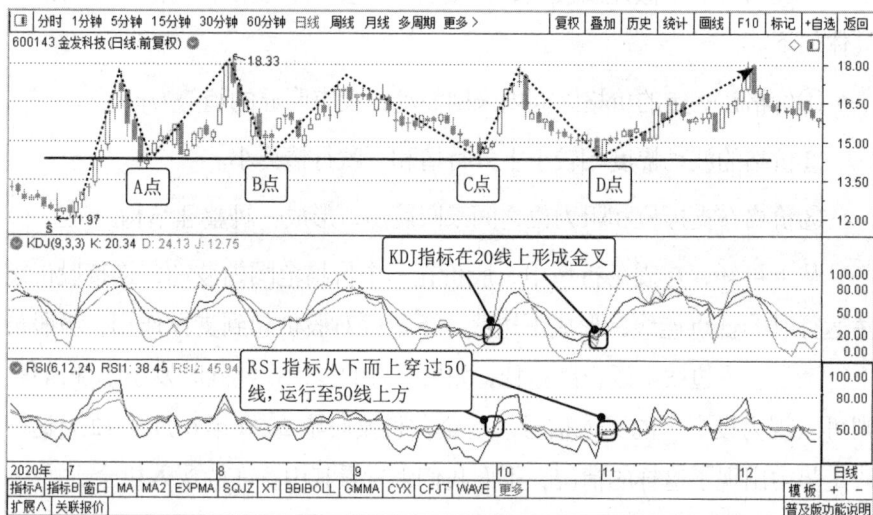

图 5-14　金发科技 2020 年 6 月至 12 月的 K 线走势

从上述案例可以看到，震荡行情中股价在某一价格范围内震荡运行，股价波动的下边线对股价起到支撑作用，当股价运行至下边线附近时如果技术指标发出强势信号，则投资者可以短线买入，短期持股。

拓展知识　*震荡行情区间*

根据股价在震荡行情波动时的走势变化，可以将其归类为三种：一是宽幅震荡区间，指多空双方分歧较大，波动较为剧烈的价格走势；二是窄幅震荡区间，指多空分歧相对较小，波动空间相对较小的价格走势；三是宽幅震荡转为窄幅震荡区间，指价格出现较为剧烈和宽幅的波动，经过几次多空的拉锯战，逐渐消除双方的分歧，基本达成统一的认识，常见的形态是收缩的三角形、楔形。图 5-15 为宽幅震荡、窄幅震荡、宽幅震荡转为窄幅震荡示意图。

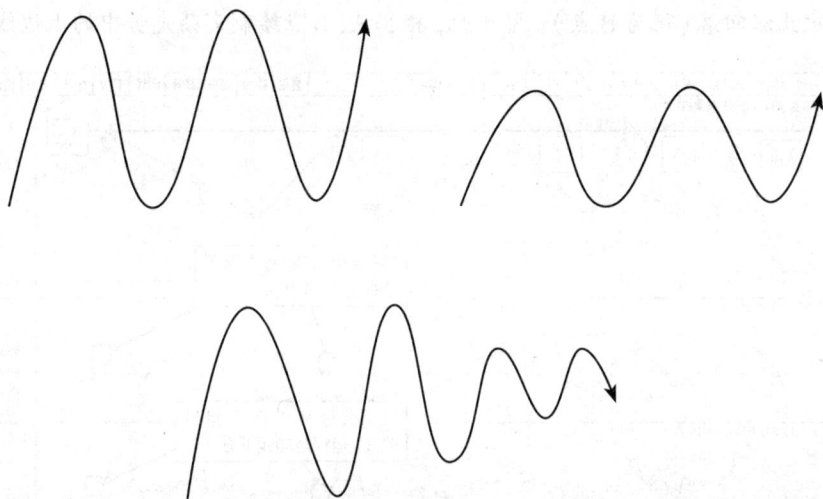

图 5-15　宽幅震荡（上左）、窄幅震荡（上右）、宽幅震荡转为窄幅震荡（下）示意图

5.3.2　在平台压力位指标发出卖出信号

在震荡行情中的平台走势存在支撑位，肯定也会存在压力位。压力位对股价上行起到压制作用，阻碍股价上行，可以帮助投资者进行卖出位置的判断。当股价上行至平台压力位附近时止涨，如果下方技术指标同步发出弱势卖出信号，投资者就应该尽快卖出持股，及时获利了结出局。

在金发科技股票 2020 年 6 月至 12 月这一段震荡走势中，短线投资者买入之后，应该在什么位置卖出呢？我们来具体看看。

实例分析
KDJ 指标发出死叉信号 +RSI 指标下穿 50 线

图 5-16 为金发科技 2020 年 6 月至 12 月的 K 线走势。

从金发科技的 K 线走势情况可以看到，该股从 2020 年 7 月开始转入震荡行情中，7 月初，股价上行至 18.00 元价位线附近止涨回落（记为 A 点），下行至 14.00 元价位线附近后便止跌回升，随后股价上行至前期高点附近后再次止涨回落（记为 B 点）。鉴于此，根据 A、B 点绘制震荡走势中的上边线。

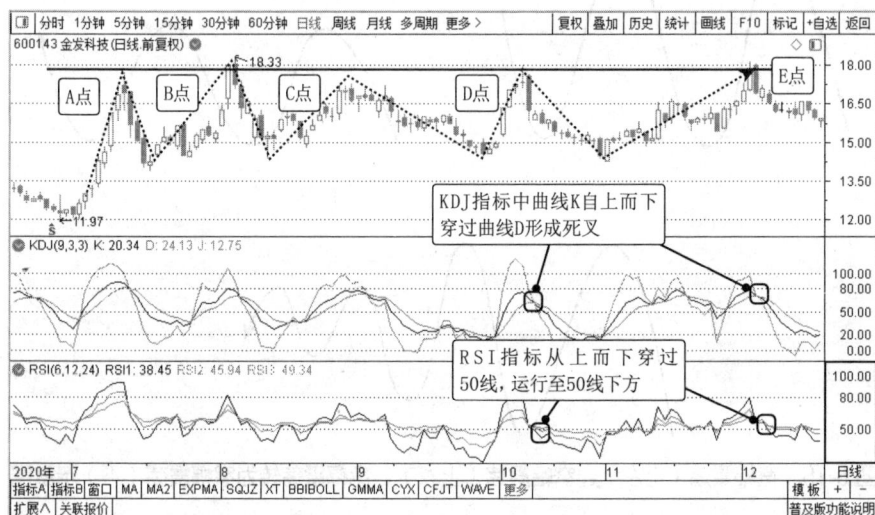

图 5-16　金发科技 2020 年 6 月至 12 月的 K 线走势

2020 年 8 月上旬，股价再次上行至前期高点附近位置止涨回落（记为 C 点），说明上边线确实对股价上行起到压制作用，阻碍股价向上攀升，股价运行至上边线附近受阻回落。

2020 年 9 月下旬，股价再次止涨回升，当股价运行至前期高点附近时（记为 D 点），因为受到上边线的压制股价极有可能止涨回落。此时查看下方的技术指标发现，KDJ 指标拐头下行，发出死叉信号，而 RSI 指标则从上而下穿过 50 线，运行至 50 线下的弱势区域内，由此说明市场中的多空双方力量发生转变，空头力量强劲占领市场，该股短期内将转入下跌走势，投资者在 C 点和 D 点位置都应尽快卖出手中持股。

2020 年 10 月底，股价再一次在下边线附近止涨回升，短线投资者可积极买入持股待涨。经过一番拉升之后，在 12 月初，股价又一次上行至前期高点附近止涨（记为 E 点），此时查看下方技术指标发现，KDJ 指标发出死叉信号，RSI 指标也下行穿过 50 线，运行至 50 线下方，技术指标再次发出市场转弱信号，为投资者的卖出信号。

拓展知识 *震荡走势的上方压力线和下方支撑线使用补充说明*

在前面的内容介绍中，我们知道震荡走势中高点连线形成的上边线对股价起到压力作用，而下方低点连线形成的下边线则对股价起到支撑作用，投资者可以利用上方压力和下方支撑，结合技术指标来判断震荡行情中的买卖点。但是需要注意的是，并不是所有的震荡走势都会严格踩着支撑位和压力位的高低点，有时候可能不到高点附近便撤回，有时候还会出现假突破再回来，如果仅按上边线和下边线来做投资则可能错过买卖点。

5.3.3 技术面指标趋好，股价向上突破震荡区间

震荡行情属于一种整理形态，终有一天会结束转入趋势行情中，因此，投资者在震荡行情中做投资操作时也要警惕行情变化。

如果股价上行至震荡行情上边线附近时，技术面指标继续趋好，使得股价向上突破震荡区间，运行至震荡区间上方，就说明个股极有可能由震荡行情转入上升行情中，是投资者的加仓信号。

下面我们来具体看看在金发科技的 K 线走势中技术指标是如何表现的。

实例分析

KDJ 指标与 RSI 指标同步形成多头排列向上运行

图 5-17 为金发科技 2020 年 7 月至 2021 年 1 月的 K 线走势。

从金发科技的 K 线走势情况可以看到，股价在 2020 年 7 月至 12 月这段时间表现震荡行情，价格始终在 14.00 元至 18.00 元震荡运行。

2021 年 1 月初，股价又一次上行至 18.00 元价位线附近止涨，根据上边线的压力作用，短线投资者应在此位置卖出手中持股，但是 1 月 8 日，K 线收出一根上涨阳线，使得股价向上突破了 18.00 元价位线阻力位置，并将股价拉升至 19.50 元价位线附近。

　　此时查看下方的技术指标，发现在股价向上突破震荡区间上边线的同时，KDJ 指标中三线呈多头排列，在 50 线上方向上运行。RSI 指标也呈多头排列，在 50 线上方向上运行。

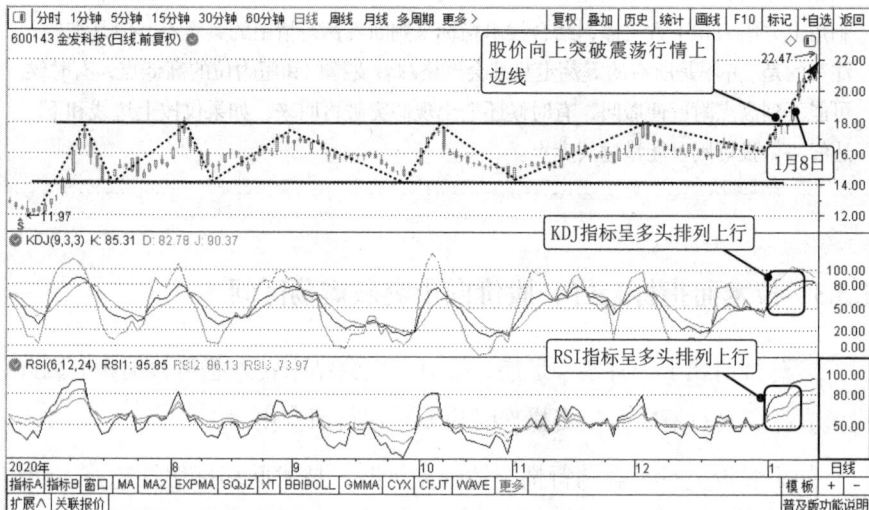

图 5-17　金发科技 2020 年 7 月至 2021 年 1 月的 K 线走势

　　根据技术指标发出的市场信号，说明市场中的多头力量强劲，后市股价继续上涨可能性较大，原来的震荡行情极有可能被打破，并由此转入新一轮上涨行情中。场内的投资者不应卖出手中持股，反而可以在股价向上突破震荡区间时及时加仓。

　　图 5-18 为金发科技 2020 年 7 月至 2021 年 2 月的 K 线走势。

　　从金发科技后市的 K 线波动情况可以看到，股价向上突破震荡区间上边线后，继续向上大幅拉升，且涨速极快，一个月左右的时间，股价从 19.50 元附近最高上涨至 32.00 元，涨幅超 64%。

　　此时查看下方的技术指标发现，在股价向上快速拉升时，KDJ 指标同步上行，并快速运行至 80 线上的高位区域，随后保持在 80 线上方波动运行。而 RSI 指标则持续在 50 线上的强势区域内波动运行，并一度上冲至 80 线上方，说明市场处于极度强势之中，多头力量强劲。

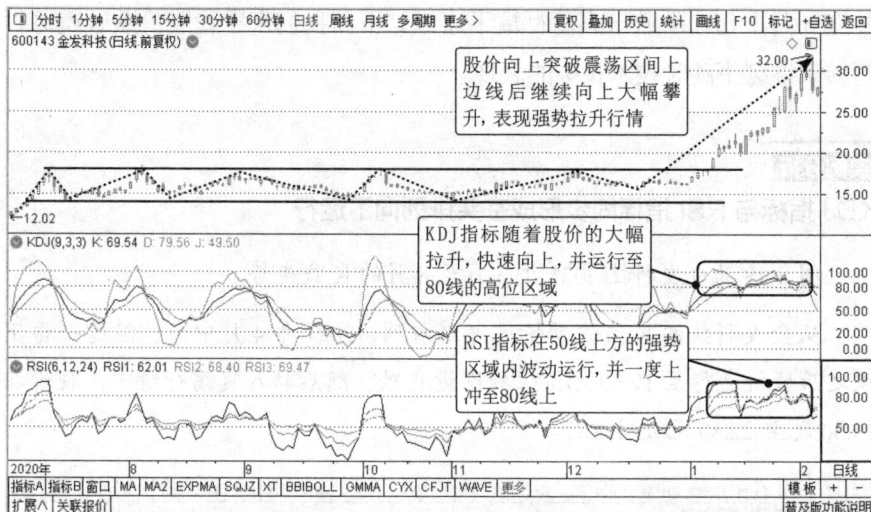

图 5-18 金发科技 2020 年 7 月至 2021 年 2 月的 K 线走势

但是投资者需要注意，KDJ 指标 80 线上为超买区间，说明股价极有可能止涨回落，迎来一波下跌。且 RSI 指标虽然在 50 线上的强势区域内波动运行，但是仔细查看可以发现，RSI 指标走势已经从上行转为下行，走出一峰比一峰低的下跌走势。这些信号都在说明该股随时可能见顶回落，一旦股价止涨下行则说明下跌行情启动，此时投资者应注意离场。

5.3.4 技术面指标转弱，股价向下跌破震荡区间

我们知道震荡行情中的下边线对股价起到支撑作用，如果股价下行至震荡行情下边线附近时，技术指标并没有发出向好信号，而是继续转弱，使得股价向下跌破震荡行情的下边线，则说明市场中的空头力量强劲，向下发起冲击，个股由震荡行情转入下跌行情中，此时投资者应以持币观望为主。

金发科技在 2021 年 1 月向上突破震荡行情上边线后重拾升势，但很快便在 2 月以 32.00 元价格见顶，之后股价回落转入下跌行情中，2021 年 4 月中旬，股价下行至 19.50 元价位线附近后止跌再次转入震荡行情中。

并在 8 月下旬向下跌破震荡行情下边线，下面我们来看看股价跌破震荡行
情转入继续下跌时技术指标的表现。

实例分析

KDJ 指标与 RSI 指标同步形成空头排列向下运行

图 5-19 为金发科技 2021 年 3 月至 8 月的 K 线走势。

从金发科技的 K 线波动情况可以看到，2021 年 4 月中旬，经过一番下
跌之后股价运行至 19.50 元价位线附近止跌，随后转入震荡行情中，股价在
19.50 元至 22.50 元波动运行。

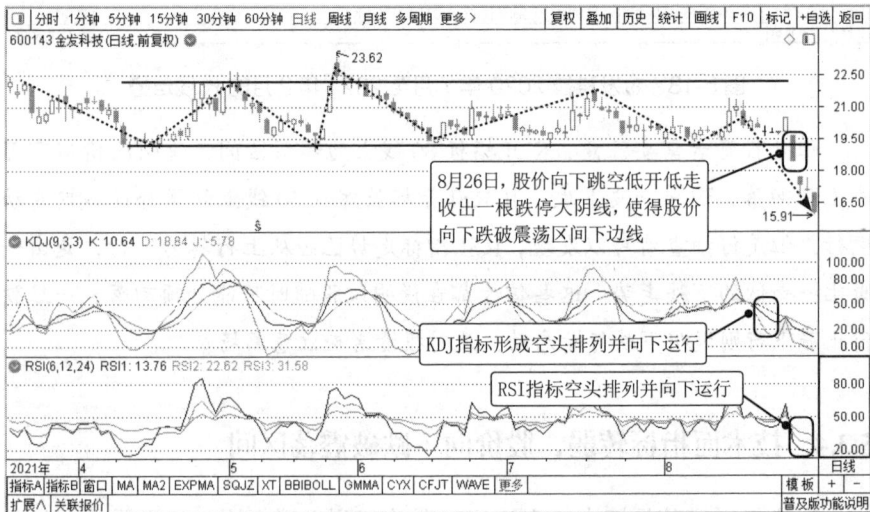

图 5-19 金发科技 2021 年 3 月至 8 月的 K 线走势

2021 年 7 月下旬，股价再次下行至 19.50 元价位线附近后止跌企稳，并
在该价位线上横盘窄幅波动运行。按照震荡行情的短线投资策略，股价下
行至震荡区间下边线止跌企稳为买入信号，说明新一波上涨即将启动。但
是此时查看下方技术指标发现，KDJ 指标和 RSI 指标都仍然在 50 线下方的
弱势区域内波动运行，表现弱势行情，没有趋好迹象。使得这波反弹刚触及
21.00 元价位线便见顶回落，结束反弹。

2021 年 8 月 26 日，股价向下跳空低开低走收出一根跌停大阴线，使得

股价向下跌破震荡区间下边线 19.50 元的支撑位，并将股价拉低至 18.50 元价位线附近。此时查看下方的技术指标发现，KDJ 指标三线呈空头排列，在50 线下方的弱势区域内继续向下运行。而 RSI 指标中的三线也呈空头排列，在 50 线下方的弱势区域内继续向下运行。说明市场处于弱势行情中，市场中的空头力量强劲，向下发起冲击，该股处于下跌趋势之中，后市股价继续表现下跌的可能性较大，此时投资者不要着急入场，应以场外持币观望为主。

图 5-20 为金发科技 2021 年 3 月至 11 月的 K 线走势。

从金发科技后市的 K 线波动情况可以看到，股价向下跌破震荡行情下边线后，继续向下波动运行，走出一底比一底低的下跌走势。而下方的技术指标，KDJ 指标和 RSI 指标均长时间在 50 线下的弱势区域内波动运行，说明市场中的空头力量强劲，市场处于弱势之中。

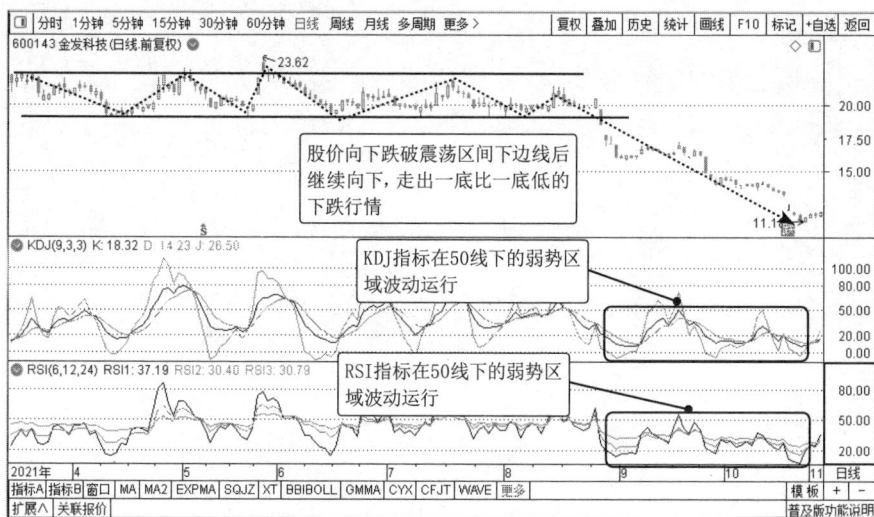

图 5-20 金发科技 2021 年 3 月至 11 月的 K 线走势

最后提醒读者，本书所介绍的操盘手法与技巧仅做知识学习参考，不代表实际走势中绝对契合。在实际投资中，投资者切忌盲目跟从，要更多地结合实际走势进行具体分析，综合考虑。